本书受中南财经政法大学出版基金资助

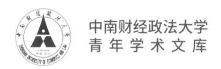

中南财经政法大学
青 年 学 术 文 库

全
怡 ○ 著

Research on the Characteristics of
Independent Directors of Listed Companies

上市公司独立董事
特征研究

中国社会科学出版社

图书在版编目（CIP）数据

上市公司独立董事特征研究／全怡著.—北京：中国社会科学出版社，
2018.8

（中南财经政法大学青年学术文库）

ISBN 978 - 7 - 5203 - 2507 - 3

Ⅰ.①上…　Ⅱ.①全…　Ⅲ.①上市公司—董事会—研究　Ⅳ.①F276.6

中国版本图书馆 CIP 数据核字（2018）第 103400 号

出 版 人	赵剑英	
责任编辑	徐沐熙	
特约编辑	陈汉元	
责任校对	温树营	
责任印制	戴　宽	

出　　版	中国社会科学出版社	
社　　址	北京鼓楼西大街甲 158 号	
邮　　编	100720	
网　　址	http://www.csspw.cn	
发 行 部	010 - 84083685	
门 市 部	010 - 84029450	
经　　销	新华书店及其他书店	

印刷装订	北京君升印刷有限公司	
版　　次	2018 年 8 月第 1 版	
印　　次	2018 年 8 月第 1 次印刷	

开　　本	710×1000　1/16	
印　　张	13.75	
插　　页	2	
字　　数	173 千字	
定　　价	40.00 元	

凡购买中国社会科学出版社图书,如有质量问题请与本社营销中心联系调换
电话:010 - 84083683

前　言

　　董事会由于把提供资本的股东和使用这些资本创造价值的经理人联结起来，因而被认为是市场经济中公司治理机制的核心（埃尔马兰和魏斯巴赫，1998）。董事会为公司的权益资本和管理雇佣契约提供了治理上的安全措施（于东智，2003）。企业营运过程中产生的道德风险和"内部人"控制是现代公司治理结构需要解决的核心问题（娄芳和原红旗，2002）。为了防止控股股东及管理层的利益侵占行为出现，20 世纪 30 年代独立董事制度在美国应运而生。上市公司独立董事是指，不在公司担任除董事外的其他职务，并与其所受聘的上市公司及其主要股东不存在可能妨碍其进行独立客观判断的关系的董事。作为成熟市场国家标准的公司治理机制，它在西方国家发挥的积极作用已经被越来越多的学者所证实。然而，理论界对我国董事会独立性的公司治理效应并未达成一致认识（郑志刚和吕秀华，2009），甚至出现相互矛盾的研究结论。

　　独立董事制度是通过在董事会中设立独立董事以形成权力制衡与监督的一种制度。独立董事相关研究无法绕开独立董事个体特征。随着企业商业环境的日趋复杂，企业经营活动的法律风险越来越大，这就需要企业增加法律知识以应对日趋复杂的法律风险。聘请有法律背景的独立董事，发挥其监督和咨询职能，这是降低公司法律风险的重要途径之一（何威风和刘巍，2017）。在 2002—2014

年，我国 A 股主板上市公司共聘请了 9506 名（59883 人次）独立董事，其中 1453 名（8845 人次）具有法律背景。法律背景的独立董事不仅构成了独立董事的重要组成部分，并且人数由 2002 年的 10.84% 一路攀升至 2014 年的 17.01%，呈现出逐年上涨的趋势。

结合独立董事的以上专业背景特征，本著作第二章首先从法律背景类型、籍贯、工作地点、教育水平、第一学历、年龄和监督距离等维度对法律背景独立董事的个人特征进行了描述。从法律背景类型来看，律师事务所从业人员（52.91%）、法学研究人员（27.05%）和公检法司退休人员（20.03%）是上市公司选聘法律背景独立董事的三大来源。进一步细化律师从业背景独立董事的任职单位后发现，上海锦天城律师事务所、君合律师事务所、国浩律师集团事务所、河南世纪通律师事务所和浙江天册律师事务所是上市公司聘请律师从业背景独立董事的前五大律所；进一步细化法学研究背景独立董事的任职单位后发现，华东政法大学、中国人民大学、北京大学、中国政法大学、清华大学等是上市公司聘请法学研究背景独立董事的前五大高校。

从籍贯来看，法律背景独立董事的出生地主要集中在经济或教育发展水平较高的地区。其中，人数最多的前六大地区分别为浙江（9.97%）、上海（8.60%）、山东（8.55%）、安徽（7.89%）、湖南（5.87%）和江苏（5.87%）。从工作地点来看，法律背景独立董事的工作地点主要集中在经济发达地区。其中，人数最多的前五大地区分别为北京（30.68%）、上海（13.93%）、广东（10.39%）、浙江（4.53%）和江苏（4.14%）。同时，也有部分上市公司聘请来自港澳台或海外法律背景人士担任独立董事。从教育水平来看，有 23 人次（0.26%）法律背景独立董事的学历为大专以下；有 66.51% 的法律背景独立董事具有硕士研究生及以上学历；有 1812 人次（20.65%）的法律背景独立董事具有博士研究生学历。这说明，我国 A 股主板市场法律背景的独立董事普遍接受过较高水平的教育，学习能力较强。

从第一学历来看，法律背景独立董事的第一学历主要集中在法律学科优势较为明显的政法类院校中。其中，第一学历来自西南政法大学、华东政法大学、北京大学、中国政法大学、中国人民大学和中南财经政法大学的法律背景独立董事人次最多，累计拥有独立董事席位数 2989 个。从年龄来看，法律背景独立董事的年龄主要集中在 40 周岁至 59 周岁，占所有法律背景独立董事的 47.55%。从监督距离来看，任职单位与上市公司距离在 10 公里以内的法律背景独立董事约占 25%；有超过 40% 的法律背景独立董事与任职公司的距离在 30 公里以内。然而，仍然有超过 20% 的法律背景独立董事与任职公司之间的距离超过了 1000 公里，且这一距离随时间推移呈现逐年增加的趋势。

在对法律背景独立董事个体特征进行详细描述后，本书第二章接着对法律背景独立董事的治理效应进行了探讨。以高管职务犯罪为切入点，本书第二章尝试考察不同类型的法律背景在保护中小投资者利益，抑制上市公司高管犯罪中发挥的作用。研究发现：（1）独立董事法律背景能够起到抑制上市公司高管职务犯罪的作用。上市公司独立董事的法律背景越多元化、实务经验越丰富，高管职务犯罪的概率越低。（2）较低的高管职务犯罪概率，一方面取决于法律背景独立董事在任职前自主选择了低风险公司（信号传递作用）；另一方面，律师事务所背景的独立董事在任职过程中也发挥了积极的监督作用。（3）研究进一步表明，独立董事法律背景对高管职务犯罪的抑制效果还取决于犯罪类型以及犯罪行为本身的隐蔽性和严重性。

北京作为我国政治文化中心和经济金融的决策和管理中心，是政治资源最为集中的地方，是名副其实的权力中心。我国上市公司在选拔独立董事时，也明显表现出对北京独立董事的热衷。鉴于北京是中国经济、政治、文化的中心，以其为参照点研究异地上市公司独立董事的聘任就具有较强的代表性。本书第三章以沪、深两市2002年至2013年A股主板上市公司为样本，对异地上市公司聘请北京独立董事的行为动机与经济后果进行了探讨。研究显示：（1）出于获取政治资源的动机，总部与北京距离较远以及总部所在地制度环境较差的上市公司更倾向于聘请北京异地独立董事；（2）相比于北京当地上市公司，异地上市公司聘请的北京独立董事中任职于政府部门的比例显著更大；（3）聘请北京独立董事的确有助于异地上市公司的政治资源获取，具体表现为有助于企业股权再融资、进入高壁垒行业以及能够降低企业违规处罚风险。与此同时，北京异地独立董事也获取了更高的薪酬。对以上问题的研究，进一步厘清了在我国背景下，独立董事聘任决策与其职能发挥间的内在机理，显示了转轨经济背景下独立董事制度可能存在的功能异化问题，这些对于公司治理机制的未来完善具有重要意义。

早期由于在教育和工作经验上的人力资本储备有限，女性很难在企业经营中占有一席之地，提升空间也受到较大限制。随着女性教育水平和社会地位的不断提高，她们在资本市场中扮演着越来越重要的角色。本书第四章以我国2002年至2009年A股上市公司为样本，详细考察了女性独立董事的个人及行为特征，并且从企业违规的角度，检验了女性独立董事是否能够更好地发挥公司治理作用，同时进一步检验了法治水平对这一影响的调节作用。研究结果显示：（1）女性独立董事的教育水平、年龄、兼任独立董事个数以及薪酬等均显著低于男性独立董事，女性独立董事委托出席和缺席董事会的次数较少，表现更为勤勉；（2）在抑制企业违规方面，本章并没有找到女性独立董事能更好发挥治理作用的证据；（3）上市公司所在地的法治水平有助于抑制企业违规；（4）然而，女性独立董事的存在，削弱了法治水平对企业违规的抑制作用。本章研究不仅有助于丰富公司违规相关的文献，同时也有助于深入地理解性别导致的独立董事在履行监督职能时存在的差异。

担任公司独立董事，可以同时获得经济收益和声誉激励。经济收益不仅指薪酬方面的正收益，而且包含成本方面（主要是时间成本）的负收益（周繁等，2008）。由于教育水平、性别、工作背景、社会资源、任职距离等个体间差异，我们很难通过比较经济收益的多寡来判断独立董事履职到底是出于"经济动机"还是"声誉动机"。然而，零薪酬独立董事这一特殊样本为我们区分以上动机提供了天然场景。本书第五章以沪、深两市 2002 年至 2015 年 A 股主板上市公司为样本，首先尝试从个人特征、公司特征和制度环境三个层面考察零薪酬独立董事的影响因素。其次，进一步从"追名"和"逐利"两个角度对独立董事履职动机进行探讨。研究结果显示：从个人特征来看，零薪酬更可能出现在独立性较强的董事中；从公司特征来看，零薪酬更可能出现在违规风险较低的公司；从制度环境来看，零薪酬更可能出现在市场化程度较高的地区。零薪酬独立董事在出席董事会时也更加勤勉，以上结论与"追名"动机逻辑一致。进一步探索发现，会计背景的零薪酬独立董事能进一步甄别出财务风险更高的公司。由于存在自选择，零薪酬独立董事任职公司的治理水平更高，其并未给出更多的否定意见。

零薪酬独立董事现象说明，在我国资本市场中存在一个声誉市场，并且这一市场能够对零薪酬独立董事产生足够的激励。遗憾的是，这一激励并不足以对所有独立董事产生影响，其作用大小取决于声誉本身带来的效用，也因独立董事不同而存在差异。本章研究虽然在一定程度上论证了独立董事固定薪酬存在弊端，但并不呼吁对所有独立董事实行零薪酬。独立董事也是现实的"经济人"，在缺乏其他激励措施的情况下，期待他们恪尽职守未免过于严苛（顾功耘和罗培新，2001）。上市公司应当根据自身所处的制度环境、风险水平以及每位独立董事的具体情况等，对不同独立董事设定出差异化的薪酬水平。

本书研究得到国家自然科学基金青年项目"中国上市公司学者型独立董事的治理效应：理论分析与经验证据"（项目号"71602191"）的资助。

目　录

第一章　独立董事概述 …………………………………………（1）

第一节　独立董事制度的起源与发展 ……………………（1）

第二节　独立董事制度在中国的实施 ……………………（2）

第三节　独立董事的界定 …………………………………（5）

第四节　独立董事相关研究 ………………………………（7）

一　独立董事的专业背景研究 ……………………（7）

二　独立董事的地域特征研究 ……………………（8）

三　独立董事的性别特征研究 ……………………（9）

四　独立董事的激励问题研究 ……………………（10）

五　独立董事的其他问题研究 ……………………（10）

第二章　独立董事的法律背景研究 ……………………………（12）

第一节　法律背景独立董事的个体特征描述 ……………（13）

一　法律背景类型 …………………………………（13）

二　籍贯 ……………………………………………（14）

三　工作地点 ………………………………………（16）

四　教育水平 ………………………………………（17）

五　第一学历 ………………………………………（18）

六　年龄 ……………………………………………（19）

七　监督距离 ································· （20）

第二节　法律背景独立董事的治理效应研究 ········· （21）

一　制度背景与文献回顾 ····················· （23）

二　理论分析与假设提出 ····················· （27）

三　研究设计 ····························· （31）

四　实证结果与分析 ························· （36）

五　进一步拓展与研究 ······················· （51）

第三节　本章小结 ···························· （62）

第三章　独立董事的地域特征研究 ················· （66）

第一节　制度背景与文献回顾 ···················· （69）

一　制度背景 ····························· （69）

二　文献回顾 ····························· （71）

第二节　理论分析与假设提出 ···················· （73）

一　谁在追逐北京独董？ ····················· （73）

二　追逐了什么样的北京独董？ ················· （74）

三　北京独董带来了什么？ ··················· （75）

第三节　研究设计 ···························· （77）

一　研究样本与数据来源 ····················· （77）

二　模型设定与变量定义 ····················· （77）

第四节　实证结果分析 ························· （81）

一　变量描述性统计 ························· （81）

二　单变量检验 ··························· （83）

三　相关系数检验 ························· （83）

四　基本假设检验 ························· （85）

五　稳健性检验 ··························· （91）

第五节　进一步拓展与分析…………………………………（100）

　　一　排除北京地区在文化和经济上的解释……………（100）

　　二　排除聘请北京异地独立董事从而弱化监督的

　　　　解释……………………………………………………（103）

　　三　异地上市公司是否对北京独立董事支付了

　　　　更高的薪酬……………………………………………（104）

　　四　排除北京独立董事具有更强选择能力的解释………（106）

　　五　考虑地方处罚以及处罚力度………………………（108）

　　六　产权性质对异地上市公司聘请北京独立董事的

　　　　影响研究………………………………………………（111）

第六节　本章小结…………………………………………（115）

第四章　独立董事的性别特征研究………………………（117）

第一节　理论分析与假设提出……………………………（119）

第二节　研究设计…………………………………………（122）

　　一　研究样本与数据来源………………………………（122）

　　二　模型设定与变量定义………………………………（122）

第三节　实证结果与分析…………………………………（125）

　　一　样本描述性特征……………………………………（125）

　　二　变量描述性统计……………………………………（127）

　　三　单变量检验…………………………………………（128）

　　四　相关系数检验………………………………………（129）

　　五　女性独立董事特征分析……………………………（131）

　　六　多元回归分析………………………………………（132）

　　七　稳健性检验…………………………………………（136）

第四节　本章小结…………………………………………（137）

第五章　独立董事的激励问题研究 ……………………………… （138）

　第一节　相关文献评述 ………………………………………… （140）

　　一　独立董事薪酬研究 …………………………………… （140）

　　二　高管零薪酬研究 ……………………………………… （141）

　第二节　理论分析与假设提出 ………………………………… （142）

　　一　个人特征与独立董事零薪酬 ………………………… （142）

　　二　公司特征与独立董事零薪酬 ………………………… （143）

　　三　制度环境与独立董事零薪酬 ………………………… （144）

　　四　"追名"还是"逐利"：独董履职动机之探究 ………… （145）

　第三节　研究设计 ……………………………………………… （146）

　　一　研究样本与数据来源 ………………………………… （146）

　　二　模型设定与变量定义 ………………………………… （147）

　第四节　实证结果分析 ………………………………………… （151）

　　一　样本描述性统计 ……………………………………… （151）

　　二　变量描述性统计 ……………………………………… （152）

　　三　单变量检验 …………………………………………… （154）

　　四　相关系数检验 ………………………………………… （155）

　　五　基本假设检验 ………………………………………… （158）

　　六　稳健性检验 …………………………………………… （163）

　第五节　进一步探讨与研究 …………………………………… （164）

　　一　个人特征、公司特征与零薪酬会计背景独立董事 … （164）

　　二　零薪酬独立董事与独立意见 ………………………… （166）

　　三　零薪酬独立董事与公司治理绩效 …………………… （169）

　第六节　本章小结 ……………………………………………… （170）

第六章　研究总结与展望 ………………………………………… （174）

　第一节　主要结论 ……………………………………………… （174）

第二节　未来研究方向与展望……………………………（179）

参考文献……………………………………………………（181）

英文部分……………………………………………………（181）

中文部分……………………………………………………（188）

附录…………………………………………………………（196）

第一章

独立董事概述

第一节　独立董事制度的起源与发展

独立董事制度的出现，源于早期公司治理安排的失败，特别是董事会职能的失效。董事会一般肩负着向经理层提供建议和咨询以及监督经理层的职责。在早期的英美公司法上，股东将经营管理权授予董事会，董事会拥有从任免公司总裁到战略决策在内的广泛权力。然而，现实中董事会的权力行使与功能发挥被大打折扣，董事会仅仅成为"公司圣诞树上的装饰品"——没有任何实际目的的、装饰性的、华而不实的、举止文雅的小玩意儿（迈尔斯，1986）。公司经营活动只是在董事会的"指导"下进行，公司日常事务乃至重大决策均由首席执行官或相应高级管理人员决定。CEO 在实施有关公司重大决策前，可能会让董事会审查，但如果 CEO 决意要采取这些行动，董事会几乎无一例外地加以默认，即便实际上许多甚至所有的董事对此持保留态度（汉密尔顿，1989）。随着"董事会中心主义"向"经理人中心主义"转变，董事会已沦为一个顾问机关，与公司法规定其为政策制定者及股东和公众权利守护人的形象大相径庭。

二十世纪六七十年代以后，西方国家，尤其是美国各大公众公司的股权越来越分散，董事会逐渐被以 CEO 为首的经理人员操纵，以至于对以 CEO 为首的经理人员的监督已严重缺乏效率。类似情形也在其他市场经济国家上演，导致人们开始从理论上普遍怀疑现有制度安排下的董事会运作的独立性、公正性、透明性和客观性，并引发了对董事会职能、结构和效率的深入研究。特里克（1984）指出，在董事会中引进独立非执行董事可以增加董事会的客观性和独立性。法玛（1980）同样认为，一个股东占多数的董事会并不是最佳董事会结构，其解决的办法就是引入非执行董事，以降低经理们串通的可能性。在理论研究成果与现实需求的双重推动下，美国立法机构及中介组织自 20 世纪 70 年代以来，加速了以法律和"软法"来推进独立董事制度的进程，独立董事的设立最终得以完成。其后，许多国家纷纷进行公司治理机制改革，改革的重点和核心就是调整董事会的结构，加大非执行董事的比例（李建伟，2004）。

第二节　独立董事制度在中国的实施

独立董事最早在我国出现是为了满足企业境外上市的需求。1993 年，青岛啤酒（600600）发行 H 股，并按照香港证券市场的有关规定设立了两名独立董事，成为我国境内第一家引进独立董事的公司。我国法律法规中最早出现独立董事是在 1997 年[①]。1997年 12 月 16 日，中国证券监督管理委员会制定的《上市公司章程指引》第一百一十二条指出：公司根据需要，可以设独立董事（注释：此条款为选择性条款，公司可以根据实际需要，在章程中制定

---

① 引自《上市公司独立董事履职情况报告》，中国上市公司协会，2013 年 11 月。

独立董事的职责）。由于以上规定属于选择性条款，并不要求上市公司强制实行，因此，这一引导性规定并没有促使太多的上市公司主动聘请独立董事。数据统计结果显示，在 2000 年之前，A 股主板市场仅有不到 8% 的上市公司聘请了独立董事。其中，1999 年有 34 家上市公司至少聘请了一名独立董事，占所有上市公司的 3.66%；2000 年有 84 家上市公司至少聘请了一名独立董事，占所有上市公司的 7.89%。

1999 年 3 月 29 日，国家经贸委以及证监会联合发布了《关于进一步促进境外上市公司规范化运作和深化改革的意见》，要求 H 股公司应有两名以上的独立董事。在此之后，一些 A、B 股上市公司开始试行独立董事制度。2000 年 1 月 9 日，我国证监会出台《上市公司治理规则》，第 49 条明确提出上市公司应按照有关规定建立独立董事制度。独立董事应独立于所受聘的公司及其主要股东，不得在上市公司担任除独立董事外的其他任何职务。第 50 条规定独立董事对公司及全体股东负有诚信及勤勉义务。在 2000 年 4 月召开的全国企业改革与管理工作会议上，国家经贸委明确提出，今后要在大型公司制企业中逐步建立独立董事制度。2000 年 10 月 19 日深圳证券交易所公布《创业企业股票发行上市审核规则》（征求意见稿）第 12 条明确规定，要求创业板上市公司必须建立独立董事制度，在董事会中引入两名独立董事。2000 年 11 月 20 日，上海证券交易所制定了《上海证券交易所上市公司治理指引》草案。第 14 条规定上市公司至少应拥有两名独立董事，且独立董事至少应占董事总人数的 20%。当公司董事长由控股公司股东的法定代表人兼任时，独立董事占董事总人数的比例应为 30%。

2001 年 1 月 15 日，时任证监会主席的周小川在《全国证券期货监管工作会议》上强调，2001 年要重点抓好的九项工作之一就是在 A 股公司中推行独立董事制度。为进一步完善上市公司治理结构，促进上市公司规范运作，2001 年 8 月 16 日，中国证券监督管理委员会发布《关于在上市公司建立独立董事制度的指导意见》（以下简称《指导意见》）。《指导意见》要求，各境内上市公司应当按照本指导意见的要求修改公司章程，聘任适当人员担任独立董事，其中至少包括一名会计专业人士（会计专业人士是指具有高级职称或注册会计师资格的人士）。在 2002 年 6 月 30 日前，董事会成员中应当至少包括 2 名独立董事；在 2003 年 6 月 30 日前，上市公司董事会成员中应当至少包括 1/3 独立董事。《指导意见》发布当年，聘请独立董事的上市公司比例有所提高，达到 30.61%；到 2002 年，这一比例超过 97.43% 并趋于稳定。《指导意见》的颁布，标志着我国上市公司独立董事制度的正式建立。

然而，由于我国特殊的治理环境，自独立董事制度引入以来，关于独立董事的争议就一直不绝于耳。其中质疑最多的为独立董事的来源问题，如高校领导、证券分析师、退休官员等群体是否适合担任上市公司独立董事？为了进一步规范证券市场运作，我国监管部门也在紧锣密鼓地出台相应的监管政策。2008 年 9 月 3 日，中纪委、教育部、监察部联合发布了《关于加强高等学校反腐倡廉建设的意见》，其中明文规定，"学校党政领导班子成员应集中精力做好本职工作，除因工作需要、经批准在学校设立的高校资产管理公司兼职外，一律不得在校内外其他经济实体中兼职"。"反腐倡廉"文件的下发引来了一阵高校领导请辞公司独立董事的风潮。

为了进一步规范证券公司、证券投资咨询机构发布证券研究报告行为，保护投资者合法权益，2012 年 6 月 19 日，依据《中国证券业协会章程》和《发布证券研究报告暂行规定》的有关要求，证监会发布了《发布证券研究报告执业规范》，其中明确规定："证券公司、证券投资咨询机构应当明确要求证券分析师不得在公司内部部门或外部机构兼任有损其独立性与客观性的其他职务，包括担任上市公司的独立董事。"

为贯彻落实中央关于从严管理干部的要求，加强干部队伍建设和反腐倡廉建设，根据《中华人民共和国公务员法》《中国共产党党员领导干部廉洁从政若干准则》和有关文件规定精神，2013 年 10 月 19 日，经中共中央批准，由中央组织部印发的《关于进一步规范党政领导干部在企业兼职（任职）问题的意见》要求限期对党政领导干部违规在企业兼职（任职）的现象进行清理。《意见》下发后，中组部对党政领导干部在企业兼职进行了集中规范清理。截至 2014 年 7 月，全国共清理党政领导干部在企业兼职 40700 多人次，其中省部级干部 229 人次。

第三节　独立董事的界定

独立董事肩负着完善公司治理的重任，关于独立董事的任职条件和要求，相关法律法规也做了详细规定。中国证监会《关于在上市公司建立独立董事制度的指导意见》（以下简称《指导意见》）对我国独立董事的任职资格、选举的程序、享有的权利和应尽的义务等事项做出了明确规定。《指导意见》指出，上市公司独立董事是指不在公司担任除董事外的其他职务，并与其所受聘的上市公司及其主要股东不存在可能妨碍其进行独立客观判断的关系的董事。《指导意见》不仅规定了独立董事行使职权时应当具备的任职条件，同时也明确强调以下七类人员不得担任独立董事：（一）在上市公司或者其附属企业任职的人员及其直系亲属、主要社会关系（直系亲属是指配偶、父母、子女等；主要社会关系是指兄弟姐妹、岳父母、儿媳女婿、兄弟姐妹的配偶、配偶的兄弟姐妹等）；（二）直接或间接持有上市公司已发行股份 1% 以上或者是上市公司前十名股东中的自然人股东及其直系亲属；（三）在直接或间接持有上市公司已发行股份5%以上的股东单位或者在上市公司前五名股东单位任职的人员及其直系亲属；（四）最近一年内曾经具有前三项所列举情形的人员；（五）为上市公司或者其附属企业提供财务、法律、咨询等服务的人员；（六）公司章程规定的其他人员；（七）中国证监会认定的其他人员。

与独立董事（independent director）较为相关的另外两个概念是"非执行董事"（non-executive director）和"外部董事"（outside director），这三者之间存在一定的联系和差异。如果一位董事在就任董事的公司中不同时担任执行职务，那么这位董事就被称作非执行董事，非执行董事在英国被广泛地接受。外部董事是指当前不被公司全职雇佣的董事，即除董事身份以外，他与公司之间既没有职业上的关系，也没有业务上的关系。他不是公司经营班子的成员，也不是以上成员的亲属，也不是公司的前雇员（吉尔森，1990；丹尼斯和萨林，1999）。外部董事较多在美国任用。需要指出的是，非执行董事和外部董事并不一定具备独立性。比如，一名总经理在退休时被任命为非执行董事，他之前的经历会影响他的独立性。同理，作为一名股东董事或股东代表董事的外部董事也不能保证一定是客观独立的。因此，非执行董事的外延是最大的，外部董事次之，独立董事最小。换言之，独立董事是外部董事、非执行董事的一种，但并非所有的外部董事、非执行董事都是独立董事。

独立董事最核心的属性即独立性（全怡，2017）。尽管我国证监会对独立董事的任职条件和要求进行了详细、具体的界定，但仍然无法保证上市公司聘请的独立董事具有完全的独立性。独立董事独立性丧失不仅是我国监管部门禁止高校领导、证券分析师、退休官员等群体担任独立董事的根本出发点，同时也是独立董事制度在我国出现功能异化的本质原因。

第四节　独立董事相关研究

一　独立董事的专业背景研究

监管部门对独立董事至少包括一名会计专业人士的要求，激发了学者对独立董事专业背景研究的首次尝试。研究人员分别从财务背景、管理背景、政治关联背景、技术背景、法律背景、商业银行背景、证券从业、学术背景等多个角度进行了考察。如董事会中具有财会背景独立董事的上市公司盈余质量更好（德丰等人，2005；阿格拉沃尔和查达，2005；吴清华和王平心，2007；胡奕明和唐松莲，2008；克利斯南和维斯瓦纳坦，2008；达利瓦等人，2010等）；首次任命 CEO 背景的独立董事会带来正的市场反应（法伦布拉什等人，2010）；政治关联背景的外部董事通过游说政策部门，提高了公司获取相关利益的能力（Agrawal 和 Knoeber，2001）；具有政治背景董事会成员的公司上市发行价格更高（弗兰西斯等人，2009）；独立董事的专业技术背景对公司创新和研发产出效率有着积极影响（王永明和宋艳伟，2010；胡元木，2012；Balsmeier et al.，2014）；法律背景的独立董事有助于提高财务报告质量（Krishnan et al.，2011）、降低公司诉讼风险（利托夫等人，2013）；商业银行背景的独立董事可以显著增加公司的债务总额（布斯和德利，1999；Güner et al.，2008；刘浩等，2012）；伴随着投资银行家进入董事会，公司发行了更多的债券（Güner et al.，2008）；独立董事的学术背景有助于接纳和吸收外部知识溢出，从而增强公司竞争优势（奥德斯和莱曼，2006）；同时，由于更高的认同感和社会期望值，学者型独立董事违规时遭受了更严厉的市场惩罚（全和李，2017）。

二　独立董事的地域特征研究

担任上市公司独立董事属于一种兼职行为，因此涉及全职工作地点与任职上市公司地点是否一致的问题。周泽将和刘中燕（2017）考察了独立董事本地任职对违规行为的影响及政治关联和产权性质在其中所发挥的作用。作者研究发现，独立董事本地任职降低了上市公司违规的倾向程度和严重程度。政治关联削弱了独立董事本地任职对违规行为的抑制功能，且上述调节作用在国有企业中显著减弱。周泽将等（2017）基于盈余管理视角，研究了任职地点对独立董事治理功能发挥的影响。作者发现，独立董事本地任职能够显著抑制应计盈余管理水平，但无法抑制真实盈余管理水平；区分盈余管理方向后，独立董事本地任职主要对负向应计盈余管理存在影响；当宏观经济环境较差时，独立董事本地任职的抑制作用更为显著。

罗进辉等（2017）检验了独立董事地理距离对公司代理成本的经验影响关系。作者发现，独立董事地理距离与公司的双重代理成本均呈现显著的 U 形曲线关系。这意味着独立董事距离任职公司太远或太近都不利于其发挥监督职能，并且这种影响在国有企业和欠发达地区企业中表现得更为明显。孙亮和刘春（2014）从监督和咨询两大职能出发，分析了我国上市公司中广泛存在的异地独董现象。作者认为，异地独董的存在属于公司主动弱化监督和强化咨询的产物。民营企业因强化咨询而聘请异地独董的需求更大，而居于市场化程度较高地区的公司因弱化监督而聘请异地独董的动机则更强。刘春等（2015）更进一步研究发现，当主并公司拥有来自目标公司所在地的异地独董时，异地并购效率显著更高，且目标公司所处地区的地方保护主义程度越严重，异地独董对异地并购效率的提升作用越明显，但该效应只在主并公司为民企的情况下存在。这从而为异地独董的咨询职能提供了并购层面的佐证。

三　独立董事的性别特征研究

Shrader et al.（1997）将女性董事的人力资本视为公司的一种关键资源，认为女性董事的人力资本为董事会的决策提供了多元化视角，从而提升了团队决策质量。Zelechowski 和比利莫利亚（2004）同样认为，由于对工作场所、市场定位以及公共社区不同于男性的领悟和解读，女性董事能够为决策的制定提供不同的观点和视角。有关女性董事在公司治理中的作用，现有文献主要从 CEO 变更业绩敏感性、董事会薪酬等方面进行了讨论。如亚当斯和费雷拉（2004）基于 1998 年 1024 家美国公司的研究发现，女性董事比例较大的公司更倾向于为董事提供绩效导向的薪酬契约。Adams 和 Ferreira（2009）基于 1996—2003 年标准普尔公司的研究发现，相对于男性董事，女性董事有更好的会议出席记录。随着董事会性别多元化的增加，男性董事会议缺席的问题有所改善。作者进一步发现，性别多元化的董事会在监督中投入了更多的精力，该类公司 CEO 变更业绩敏感性更强、董事会成员基于股权的薪酬也更高。以上结果支持了女性董事有助于促进公司治理的观点。然而，作者同样发现，性别多元化对公司业绩有着负面影响。尼尔森和休斯（2010）认为，女性董事可以通过减少冲突从而提高董事会的有效性。Francis et al.（2009）研究发现，相比较男性首席财务官 CFO，女性 CFO 实施的会计政策更加保守和稳健，更少进行盈余操纵（Chava 和 Purnanandam，2010；刘等人，2016）。女性董事显著提高了上市公司的慈善捐赠水平（周泽将，2014a），降低了审计努力程度（周泽将，2014b）和企业经营业绩（魏刚等，2007；周泽将和修宗峰，2014）。

四 独立董事的激励问题研究

自 2001 年正式实施独立董事制度以来，我国上市公司对独立董事一直实行固定津贴。由于任职公司对所有独立董事支付相同报酬，且不同公司间薪酬差异较小。因此，专门针对独立董事薪酬的研究并不普遍。在影响因素方面，杜胜利和张杰（2004）研究发现，独立董事薪酬受公司业绩、规模、第一大股东持股比例、独立董事工作时间和相对规模等因素影响。沈艺峰和陈旋（2016）研究发现，在没有考虑绩效的情况下，无论是在一定地理范围内、同行业里或一定规模上，上市公司在决定外部独立董事薪酬时均存在显著的"互相看齐"效应，即出现向地理上的中间距离、同一或相关行业或中等规模公司看齐的现象。

在经济后果方面，现有文献大多认为，薪酬多寡会对独立董事的监督行为产生影响。具体来说，唐雪松等（2010）研究发现，出于避免席位丢失或规避财富损失的动机，独立董事兼职的上市公司家数越少或从公司获得的报酬越高时，独立董事说"不"的可能性越小。叶康涛等（2011）认为，独立董事兼任的公司职位越多，担任独董职位获得的平均薪酬越高，越倾向于对有问题的董事会议案提出公开质疑。郑志刚等（2017）研究发现，在控制了潜在影响因素和内生性问题后，高的独立董事薪酬水平能够显著改善上市公司绩效。而独立董事薪酬差别化带来的效应仅在其平均薪酬水平较高时才能显现。江伟等（2013）却发现，薪酬委员会成员的平均报酬对总经理薪酬业绩敏感性并不存在影响。

五 独立董事的其他问题研究

除以上研究外，已有文献围绕"独立董事比例"（布里克利和詹姆斯，1987；魏斯巴赫，1988；伯德和希克曼，1992；科特尔等人，1997；周建波和孙菊生，2003；于东智，2003；叶康涛等，2007；方军雄，2009；郑志刚等，2012；杨典，2013）、"独立董事任职经验"（全怡和姚振晔，2014）、"独立董事任期"（陈冬华和相加凤，2017）、"独立董事社会关系"（刘诚等，2012；刘诚和杨继东，2013；全怡等，2014；吴溪等，2015；刘诚，2017）、"独立董事辞职行为"（支晓强和童盼，2005；谭劲松等，2006；唐清泉等，2006；周繁等，2008；吴冬梅和刘运国，2012；戴亦一等，2014；邓晓飞等，2016；叶青等，2016）、"独立董事出席会议"（Schwartz-Ziv 和 Weisbach，2013；里斯和 Mobbs，2014；Quan 和 Chen，2016；全怡和陈冬华，2016）、"独立董事投票行为"（凯斯纳等人，1986；韦德等人，1990；唐雪松等，2010；叶康涛等，2011；赵子夜，2014；陈睿等，2015）、"独立董事网络"（陈运森和谢德仁，2011；谢德仁和陈运森，2012；陈运森，2012；万良勇等，2014；许楠和曹春方，2016）、"独立董事精力分配"（Masulis 和 Mobbs，2014；Quan 和 Chen，2016；全怡和陈冬华，2016；谢雅璐，2016）、"独立董事违规行为"（辛清泉等，2013；Quan 和 Li，2017）等均展开了大量研究。对独立董事行为和个体特征的每一次细化都为我们进一步了解独立董事履职提供了依据。

本章部分内容发表于中文期刊《财经研究》。具体信息如下：全怡、陈冬华，法律背景独立董事：治理、信号还是司法庇护？——基于上市公司高管犯罪的经验证据，财经研究，第 2 期，34—47，2017。

第二章

独立董事的法律背景研究

随着企业商业环境的复杂化，企业经营活动的法律风险越来越大，这就需要企业增加法律知识以应对日趋复杂的法律风险。聘请有法律背景的独立董事，发挥其监督和咨询职能是降低公司法律风险的重要途径（何威风和刘巍，2017）。法律背景的独立董事凭借自身的专业知识也越来越受到上市公司的青睐。在 2002—2014 年，我国 A 股主板上市公司共聘请了 9506 名（59883 人次）独立董事，其中 1453 名（8845 人次）具有法律背景。法律背景的独立董事不仅构成了独立董事的重要组成部分，并且人数由 2002 年的 302 人次（10.84%）一路攀升至 2014 年的 925 人次（17.01%），呈现出逐年上涨的趋势（详见图 2—1 所示）。

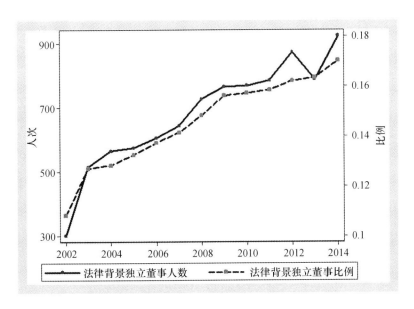

图 2—1 法律背景独立董事的分布情况

数据显示，在 8845 名法律背景的独立董事中，52.91% 来自律师事务所专职人员，27.05% 来自从事法学研究的学术人员，20.03% 来自公检法司部门的退休人员。虽然他们都从事着法律方面相关工作，但对司法理论、司法实践和司法资源的掌握却各有侧重，这很可能导致他们在发挥监督和咨询职能时有所差异。本章正是基于独立董事的差异化法律背景，并且从高管犯罪这一当下焦点话题入手，尝试从法律背景独立董事的监督职能及其作用的路径进行初次探讨。

第一节 法律背景独立董事的个体特征描述

一 法律背景类型

从表 2—1 独立董事法律背景的统计数据可以看出，随着时间推移，具有法律专业背景的独立董事比例逐年上升，且主要集中在律师从业人员之中，约占所有法律背景独立董事的 52.91%。进一步细化律师从业背景独立董事的任职单位后发现，上海锦天城律师事务所、君合律师事务所、国浩律师集团事务所、河南世纪通律师事务所和浙江天册律师事务所是上市公司聘请律师从业背景独立董事的前五大律所；进一步细化法学研究背景独立董事的任职单位后发现，华东政法大学、中国人民大学、北京大学、中国政法大学、清华大学等是上市公司聘请法学研究背景独立董事的前五大高校。

表 2—1　　　　　　　　　　　独立董事法律背景类型

年份	观测	法律背景		律师从业背景		公检法司背景		法学研究背景	
		观测	占比	观测	占比	观测	占比	观测	占比
2002	2786	302	10.84%	235	8.44%	54	1.94%	103	3.70%
2003	4060	516	12.71%	392	9.66%	105	2.59%	159	3.92%
2004	4402	565	12.84%	429	9.75%	114	2.59%	172	3.91%
2005	4339	575	13.25%	439	10.12%	115	2.65%	176	4.06%
2006	4413	606	13.73%	467	10.58%	118	2.67%	186	4.21%
2007	4561	645	14.14%	497	10.90%	126	2.76%	189	4.14%
2008	4905	727	14.82%	560	11.42%	152	3.10%	203	4.14%
2009	4907	766	15.61%	591	12.04%	162	3.30%	218	4.44%
2010	4895	769	15.71%	583	11.91%	163	3.33%	224	4.58%
2011	4958	785	15.83%	585	11.80%	163	3.29%	226	4.56%
2012	5394	874	16.20%	649	12.03%	173	3.21%	255	4.73%
2013	4826	788	16.33%	585	12.12%	158	3.27%	229	4.75%
2014	5437	927	17.05%	702	12.91%	169	3.11%	244	4.49%
总计	59883	8845	14.77%	6714	11.21%	1772	2.96%	2584	4.32%

二　籍贯

表 2—2 描述了 2002 年至 2014 年 A 股主板市场所有法律背景独立董事的籍贯信息。样本期内，我们共搜集到 4244 人次法律背

景独立董事的籍贯信息，占所有法律背景独立董事总人次的
47.99％。可以看出，法律背景独立董事的出生地主要集中在经济
或教育发展水平较高的地区。其中，占人数最多的前六大地区分别
为浙江（9.97％）、上海（8.60％）、山东（8.55％）、安徽
（7.89％）、湖南（5.87％）和江苏（5.87％）。同时，也有部分上
市公司聘请来自中国香港或境外的法律背景人士担任独立董事。其
中，来自中国香港和海外地区的法律背景独立董事分别占0.45％和
0.49％，而来自海外的29人次法律背景独立董事主要集中在美国
（11人次）、新加坡（7人次）和澳大利亚（3人次）。

表 2—2　　　　　　　法律背景独立董事的籍贯分布特征

编号	地区	席位	占比	编号	地区	席位	占比
1	浙江	423	9.97％	18	重庆	78	1.84％
2	上海	365	8.60％	19	黑龙江	71	1.67％
3	山东	363	8.55％	20	广东	67	1.58％
4	安徽	335	7.89％	21	贵州	53	1.25％
5	湖南	249	5.87％	22	吉林	45	1.06％
6	江苏	249	5.87％	23	甘肃	41	0.97％
7	河北	244	5.75％	24	内蒙古	38	0.90％
8	河南	220	5.18％	25	天津	35	0.82％
9	四川	206	4.85％	26	中国香港	19	0.45％
10	湖北	197	4.64％	27	海南	14	0.33％
11	陕西	187	4.41％	28	宁夏	14	0.33％
12	北京	148	3.49％	29	云南	14	0.33％
13	福建	136	3.20％	30	美国	11	0.26％
14	辽宁	121	2.85％	31	新疆	9	0.21％
15	山西	106	2.50％	32	新加坡	7	0.16％
16	江西	95	2.24％	33	澳大利亚	3	0.07％
17	广西	81	1.91％	34	合计	4244	100.00％

三 工作地点

表2—3描述了2002年至2014年A股主板市场所有法律背景独立董事的工作地点分布情况。可以看出，法律背景独立董事的工作地点主要集中在经济发达地区。其中，占人数最多的前五大地区分别为北京（30.68%）、上海（13.93%）、广东（10.39%）、浙江（4.53%）和江苏（4.14%）。同时，也有部分上市公司聘请来自港澳台或海外法律背景人士担任独立董事。其中，来自港澳台和海外地区的学者型独立董事分别占1.72%和0.19%，而来自海外的17人次法律背景独立董事全部集中在美国（10人次）和新加坡（7人次）。

表2—3 　　　　　　　　法律背景独立董事的地域分布特征

编号	地区	席位	占比	编号	地区	席位	占比
1	北京	2714	30.68%	19	广西	106	1.20%
2	上海	1232	13.93%	20	吉林	92	1.04%
3	广东	919	10.39%	21	黑龙江	87	0.98%
4	浙江	401	4.53%	22	贵州	78	0.88%
5	江苏	366	4.14%	23	海南	66	0.75%
6	四川	314	3.55%	24	内蒙古	59	0.67%
7	安徽	263	2.97%	25	天津	58	0.66%
8	湖北	262	2.96%	26	青海	52	0.59%
9	福建	250	2.83%	27	河北	50	0.57%
10	山东	205	2.32%	28	山西	46	0.52%
11	辽宁	171	1.93%	29	江西	43	0.49%
12	中国香港	147	1.66%	30	云南	43	0.49%
13	河南	139	1.57%	31	宁夏	35	0.40%
14	湖南	135	1.53%	32	美国	10	0.11%
15	甘肃	124	1.40%	33	新加坡	7	0.08%

编号	地区	席位	占比	编号	地区	席位	占比
16	重庆	121	1.37%	34	西藏	6	0.07%
17	陕西	120	1.36%	35	中国台湾	5	0.06%
18	新疆	119	1.35%	36	合计	8845	100.00%

四　教育水平

图2—2统计了2002年至2014年A股主板市场所有法律背景独立董事的教育水平。样本期内，我们共搜集到8774人次法律背景独立董事的教育水平信息，占所有法律背景独立董事总人次的99.22%。数据显示，有23人次（0.26%）法律背景独立董事的学历为大专以下；有5836人次（66.51%）的法律背景独立董事具有硕士研究生及以上学历；有1812人次（20.65%）的法律背景独立董事具有博士研究生学历。这说明我国A股主板市场法律背景的独立董事普遍接受过较高水平的教育，学习能力较强。

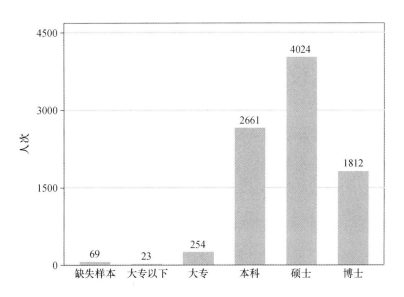

图2—2　法律背景独立董事的教育水平

五 第一学历

表2—4统计了2002年至2014年A股主板市场所有法律背景独立董事的第一学历信息。样本期内，我们共搜集到6279人次法律背景独立董事的第一学历信息，约占所有法律背景独立董事总人次的71.01%。统计结果显示：法律背景独立董事的第一学历主要集中在法律学科优势较为明显的政法类院校中。其中，第一学历来自西南政法大学、华东政法大学、北京大学、中国政法大学、中国人民大学和中南财经政法大学的法律背景独立董事人次最多，累计拥有独立董事席位数2989个。

表2—4　　　　　　　　法律背景独立董事的第一学历

编号	学校名称	席位	占比	编号	学校名称	席位	占比
1	西南政法大学	651	10.37%	28	南开大学	34	0.54%
2	华东政法大学	629	10.02%	29	清华大学	33	0.53%
3	北京大学	606	9.65%	30	兰州大学	30	0.48%
4	中国政法大学	543	8.65%	31	湖南师范大学	27	0.43%
5	中国人民大学	332	5.29%	32	哈尔滨理工大学	26	0.41%
6	中南财经政法大学	228	3.63%	33	河北大学	26	0.41%
7	吉林大学	196	3.12%	34	河南师范大学	26	0.41%
8	西北政法大学	167	2.66%	35	湘潭大学	25	0.40%
9	安徽大学	145	2.31%	36	华中师范大学	25	0.40%
10	浙江大学	132	2.10%	37	四川大学	25	0.40%
11	中山大学	121	1.93%	38	青海民族大学	24	0.38%
12	南京大学	110	1.75%	39	四川师范大学	24	0.38%
13	山东大学	98	1.56%	40	西南大学	24	0.38%
14	武汉大学	95	1.51%	41	成都理工大学	23	0.37%
15	厦门大学	93	1.48%	42	中央民族大学	23	0.37%
16	山西大学	89	1.42%	43	中共中央党校	22	0.35%
17	苏州大学	78	1.24%	44	北京理工大学	19	0.30%
18	复旦大学	77	1.23%	45	上海财经大学	19	0.30%

续表

编号	学校名称	席位	占比	编号	学校名称	席位	占比
19	郑州大学	74	1.18%	46	对外经济贸易大学	19	0.30%
20	西安交通大学	56	0.89%	47	国际关系学院	18	0.29%
21	辽宁大学	54	0.86%	48	江西师范大学	16	0.25%
22	安徽师范大学	51	0.81%	49	新疆大学	16	0.25%
23	华东师范大学	46	0.73%	50	东北财经大学	16	0.25%
24	大连海事大学	44	0.70%	51	香港大学	16	0.25%
25	黑龙江大学	41	0.65%	52	南京师范大学	16	0.25%
26	杭州师范大学	40	0.64%	53	其他高校	873	13.90%
27	内蒙古大学	38	0.61%	54	合计	6279	100.00%

六　年龄

图2—3描述了2002年至2014年A股主板市场所有法律背景独立董事的年龄分布情况。数据显示，法律背景独立董事的年龄主要集中在40周岁至59周岁，占所有法律背景独立董事的47.55%。法律背景独立董事的平均年龄为47.67周岁，中位数为47

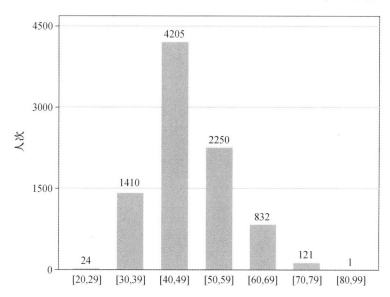

图2—3　法律背景独立董事的年龄分布

周岁，略低于其他背景的独立董事。同时，法律背景独立董事的年龄差异较大，有 24 人次（0.27%）的法律背景独立董事年龄小于 30 周岁，最小为 25 周岁；有 1 人次（0.01%）的法律背景独立董事年龄大于 79 周岁，为 80 周岁。

七　监督距离

图 2—4 按年份展示了法律背景独立董事与任职公司总部之间的空间距离分布情况。可以看出，每年法律背景独立董事与任职公司之间的距离大致保持稳定。其中，距离在 10 公里以内的法律背景独立董事约占 25%；有超过 40% 的法律背景独立董事与任职公司的距离在 30 公里以内①。然而，仍然有超过 20% 的法律背景独立董事与任职公司之间的距离超过了 1000 公里，且这一距离随时间推移呈现逐年上升趋势。

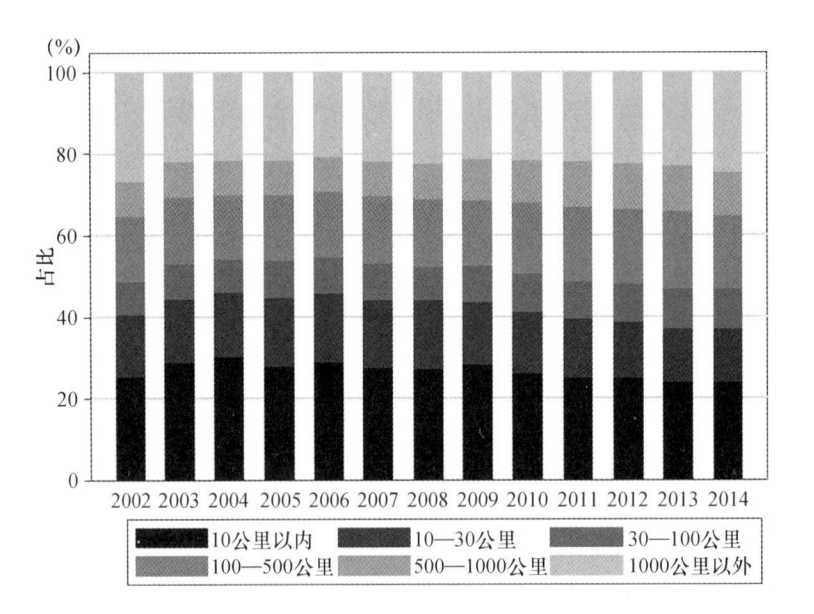

图 2—4　法律背景独立董事与任职公司的空间距离分布

---

①　样本期内，有 44.93% 的法律独立董事全职工作单位与任职上市公司处于同一城市，且这一比例每年大致保持稳定。

第二节 法律背景独立董事的治理效应研究

防范法律风险，不仅是维持企业正常运转的基本前提，同时也是公司发展壮大的重要保障。因为疏于风险管理而引致的企业破产和投资者损失进一步印证了预防风险的重要性。阿格罗（1978）研究发现，不考虑公司的战略和资产，白领犯罪会导致30%的新企业倒闭。注册舞弊审核师协会（ACFE）2002年的数据显示，白领犯罪每年对美国公司造成的损失在2000亿美元到6000亿美元之间[①]。《2012中国企业家犯罪媒体案例分析报告》发布的数据显示，有39例国有企业高管受贿，总体涉案金额超过2亿元，最高达4700万余元。从制度设计上来看，独立董事履行相关职责的主要目的是防范公司风险，保护外部投资者的正当利益不受内部人侵害（叶康涛、陆正飞和张志华，2007）。在经营环境日趋复杂，企业风险不断增加的今天，风险的管理和控制对公司的稳定经营和持续发展来说发挥着举足轻重的作用。法律背景的独立董事凭借自身的专业知识越来越受到上市公司的青睐。

在2002年至2014年，我国A股主板上市公司共聘请了9506名（59883人次）独立董事，其中1453名（8845人次）具有法律背景。法律背景的独立董事不仅构成了独立董事的重要组成部分，并且人数由2002年的10.84%一路攀升至2014年的17.01%，呈现出逐年上涨的趋势。然而，详细考察独立董事法律背景的文献并不多见，部分学者只是对这一背景以比例或哑变量的形式简单加以控制（阿格拉沃尔和Knoeber，2001；魏刚等，2007；赵昌文等，

[①] 转引自 Schnatterly K. 2003. Increasing Firm Value through Detection and Prevention of White-Collar Crime, Strategic Management Journal 24: 587 – 614.

2008；郑路航，2011；Krishnan 等，2011；Litov 等，2013），对不同类型法律背景的研究更少有涉及。数据显示，在 8845 名法律背景的独立董事中，有 52.91% 来自律师事务所专职人员，27.05% 来自法学研究的学术人员，有 20.03% 来自公检法司部门的退休人员。虽然他们都从事着法律相关工作，但对司法理论、司法实践和司法资源的掌握却各有侧重，这很可能导致他们在发挥监督和咨询职能时有所差异。

从独立董事的专业背景出发，本章尝试考察不同类型的法律背景在保护中小投资者利益，抑制上市公司高管犯罪中发挥的作用。研究发现：（1）独董法律背景能够起到抑制上市公司高管职务犯罪的作用。上市公司独立董事的法律背景越多元化、实务经验越丰富，高管职务犯罪的概率越低。（2）较低的高管职务犯罪概率，一方面取决于，法律背景独董在任职前选择了低风险公司（信号传递作用）；另一方面取决于，律师事务所背景的独董在任职过程中也发挥了积极的监督作用。（3）进一步研究表明，独董法律背景对高管职务犯罪的抑制效果还取决于犯罪类型以及犯罪行为本身的隐蔽性和严重性。

相比较现有文献，本章的研究贡献在于：

首先，La Porta 等（1998）从宏观层面的法律环境出发，分析了法律体制的国别差异在解释各国金融发展、融资模式、所有权结构，乃至公司治理绩效中发挥的作用。本章则从微观层面的专业背景出发，分析了独立董事的法律任职经验在履行监督职能、防范高管职务犯罪中发挥的作用。本章提供了法律从微观层面影响公司治理绩效的证据。

其次，在对独立董事公司治理绩效的研究中发现，现有文献更多地侧重于考察独立董事"能不能保护"中小投资者利益，而在"怎么样保护"上缺乏深入研究。本章不仅考察了独董法律背景在防范高管犯罪、降低企业风险中发挥的作用，同时也对其作用的路径进行了深入探讨，从实践上为企业充分利用独董法律专长提供了借鉴。

再次，本章将独立董事的法律背景划分为律师事务所背景、公检法司背景和法学研究背景三种类型，详细阐述了多元化法律背景以及不同类型的法律背景在抑制高管犯罪中可能发挥的作用，细化了有关独立董事任职背景的研究。

最后，本章研究结论为监管部门完善独立董事制度提供了一定的理论指导。2013 年 10 月 19 日，经中共中央批准，由中央组织部印发的《关于进一步规范党政领导干部在企业兼职（任职）问题的意见》（以下简称《意见》）要求，限期对党政领导干部违规在企业兼职（任职）的行为进行清理。根据《意见》的相关规定，公检法司部门的退休人员也属于需要清理的范围。然而，本章研究发现，公检法司背景的独立董事在防范高管职务犯罪中发挥了一定的作用。这说明，监管部门在杜绝官员独立董事滥用职权的同时，应充分发挥其专业优势。

一　制度背景与文献回顾

（一）制度背景

在经历了以政策为指导，而不是法律调节社会行为及社会关系所造成的秩序混乱后，我国一直尝试构造法治社会，以法律手段规范人们的行为。经过多年努力，我国现已形成庞大的成文法系统，但真正能够影响人们行为的是那部分得到实际执行的法律，而现实的问题是大量法律得不到严格执行（戴治勇和杨晓维，2006）。上市公司高管犯罪后"成功潜逃"或"无罪释放"的现象时有发生。例如，亿安科技董事长罗成涉嫌操纵证券交易价格非法获利 4.648 亿元后逃往国外；圣方科技董事长兼总裁唐李涉嫌提供虚假财会报告和职务侵占后逃匿；南华西董事长何竟棠涉嫌挪用公司资金7亿多元后"神秘蒸发"；大连菲菲董事长兼总经理赵也飞涉嫌票据诈骗被取保候审后神秘遁身；三毛实业董事长张晨涉嫌侵吞数亿元国有资产后出逃；中原高速董事长童言白涉嫌贪污后携巨款逃往澳大利亚；达尔曼董事长许宗林涉嫌职务侵占和挪用资金后远走加拿大……

我国现实中的执法问题，不仅包括有法不依或执法不严的问题，而且经常是执法者在不同的时期，针对不同的案件有选择性地采取不同的执法强度，既有执法不严，也有执法过度、以政策替代法律的问题（戴治勇和杨晓维，2006）。法律环境的不健全和公司高管的频繁落马为研究我国上市公司高管职务犯罪提供了试验场所。为了进一步完善上市公司治理结构，促进上市公司规范运作，2001年8月16日，中国证券监督管理委员会发布了《关于在上市公司建立独立董事制度的指导意见》（以下简称《指导意见》）。《指导意见》要求，各境内上市公司应当按照本指导意见的要求修改公司章程，聘任适当人员担任独立董事。《指导意见》的颁布，标志着我国上市公司独立董事制度的正式建立。

除了聘请法律背景的独立董事外，上市公司还可以通过成立法务部、聘请法律顾问来获取相关法律服务。法务部围绕公司业务可能涉及的法律领域展开工作，主要负责商务合同的审阅、起草等常规法务工作。对于法务部从未涉及或专业性较强的法律领域，企业可能需要聘请专业化的法律顾问。从工作方式来看，法务部和法律顾问并不直接经手公司业务，只是对相关业务部门的工作提供意见和建议。从工作内容来看，法务部和法律顾问的职责在于理顺公司内部各项规章制度，评判和控制公司生产经营中可能遇到的法律风险，协助公司管理层依法决策。如此看来，法务部和法律顾问很难发挥监督上市公司管理层的作用。不同于法务部和法律顾问这种被动式的协助工作模式，独立董事享有与其他董事同等的知情权，会直接参与公司的重大经营决策，并且需要对参与赞成的失误决策或违法决策负连带赔偿责任。信息上的优势和法律上的风险会迫使我国法律背景的独立董事在防范和监督管理层职务犯罪中发挥更为积极的作用。

（二）文献回顾

人员构成是影响董事会运作效率的重要因素，引入独立董事制度、提高公司透明度，是监管机构改善公司治理结构的重要举措。对独立董事能否履行应有职责的问题，现有文献从"独立董事比例""独立董事辞职行为""独立董事投票行为"和"独立董事背景"等多个方面进行了考察。对独立董事行为和个体特征的每一次细化都为我们进一步深入了解独立董事履职提供了依据。监管部门对独立董事至少包括一名会计专业人士的要求，激发了学者对独立董事专业背景研究的首次尝试兴趣。后期研究人员又从管理背景、政治关联背景、学术背景、商业银行背景、证券从业背景、投资银行背景和法律背景等多个角度进行了考察。

有关独立董事法律背景的研究，主要集中在以下文献中。Agrawal 和 Knoeber（2001）研究发现，规模较大和环境监管成本较高的公司更倾向于聘请律师背景的外部董事。魏刚等（2007）以我国 1999 年至 2002 年 A 股上市公司为样本，考察了独立董事中来自律师事务所的比例对企业经营绩效的影响。然而，作者并没有找到独立董事的律师事务所从业背景对企业经营绩效产生显著影响的证据。赵昌文等（2008）以 2006 年在中国 A 股市场上公开交易的 392 家家族类上市公司为样本的研究中，同样没能找到独立董事的律师事务所从业背景对企业价值产生显著影响的证据。郑路航（2011）以 2006 年至 2007 年我国 A 股上市公司为样本，考察了法律背景独立董事的履职效果。作者研究发现，法律背景的独立董事有助于减少公司和高管个人违规事件的发生频率。Krishnan 等（2011）考察了审计委员会的法律背景对公司财务报告质量的影响。作者研究发现，审计委员会中具有法律背景的委员所占比例越高，财务报告的质量也越高，并且这一正向关系在 SOX 法案之后更显著。邱兆祥和史明坤（2012）以 2008 年至 2010 年沪深 A 股上市公司为样本的检验则发现，独立董事的法律专长具有显著的绩效效应。Litov 等（2013）研究发现，随着上市公司中具有法律背景的董事不断增多，他们在监督管理层、降低公司诉讼风险和提高公司价值等方面发挥了越来越重要的作用。

从样本期间来看，现有关于我国独立董事法律背景的研究主要集中在早期，且样本区间较短。如魏刚等（2007）的研究样本为我国 1999—2002 年的 A 股上市公司。由于我国证监会在 2002 年才强制要求上市公司聘任独立董事，而且独立董事需要一定的时间才能对公司治理和绩效产生影响。独立董事早期摸索和适应阶段的研究结论可能并不适用于现在。赵昌文等（2008）的研究样本为我国 2006 年 A 股上市公司中的 392 家家族企业，郑路航（2011）的研究也仅仅覆盖了 2006 年和 2007 年两年样本。样本期间过短很可能导致研究结论受观测年份宏观环境的影响，使推广性受到限制。

从法律背景类别来看，现有文献均只考察了法律背景中的一部分或是将所有法律背景视为同质。如 Agrawal 和 Knoeber（2001）、魏刚等（2007）、赵昌文等（2008）和 Litov 等（2013）考察了独立董事的律师背景；Krishnan 等（2011）考察了独立董事的法学教育背景和律师背景，但作者并没有对以上两种背景进行区分；郑路航（2011）、邱兆祥和史明坤（2012）也笼统考察了独立董事的所有法律背景。

从发挥的作用来看，魏刚等（2007），赵昌文等（2008）、邱兆祥和史明坤（2012）直接考察了法律背景的独立董事对经营绩效乃至企业价值的影响，但是并没有对这一影响的作用路径进行探讨。郑路航（2011）考察了法律背景的独立董事在减少公司和高管个人违规事件中发挥的作用。Krishnan 等（2011）考察了审计委员会的法律背景对公司财务报告质量的影响。Litov 等（2013）从收购保护、CEO 风险承担、诉讼风险等角度对法律背景的独立董事进行了考察。本章抓住当前中央"将反腐斗争进行到底"的决心，在现有文献的基础上，通过拓宽研究样本范围，细化法律背景类型，来尝试从高管犯罪这一当下焦点话题入手，对法律背景独董的监督职能及其作用路径进行了初次探讨。

二 理论分析与假设提出

（一）法律背景独董抑制高管犯罪的分析

独立董事制度是通过在董事会中设立独立董事以形成权力制衡与监督的一种制度，其目的在于维护公司整体利益，尤其是保护中小股东的合法权益不受损害。在我国，独立董事履行监督职能的主要动机为规避法律风险和声誉风险（唐清泉等，2006）。法律上的风险是指，独立董事要对参与赞成的失误决策或违法决策负连带赔偿责任（唐清泉等，2006）。如果履职公司出现重大法律或经营问题，独立董事的社会声誉也将受到严重损害（叶康涛等，2011）。Krishnan 等（2011）认为，具有法律背景的独立董事由于对风险因素更加警惕，他们会在导致法律问题之前，及时地纠正企业的错误行为，从而发挥重要的监督作用。美国证券交易委员会强调了律师（和其他顾问）在防范财务舞弊中应该发挥的作用（Johnson，2004）。施瓦茨（2006）同样认为，在预防财务信息事故方面，律师应该承担更大的责任。

当财务舞弊严重到一定程度并触犯刑法时，就属于高管犯罪的范畴。高管犯罪同样包含贪污、受贿、挪用公款、职务侵占等其他违法行为。相比较其他独立董事，我们认为，法律背景的独立董事能够更好地发挥抑制上市公司高管犯罪的作用。这主要基于以下原因：首先，法律背景的独立董事对风险因素具有更敏锐的辨别力（Krishnan 等，2011），这在一定程度上增加了高管犯罪行为暴露的风险，加重了管理层实施犯罪行为的心理负担。其次，已有研究发现，在预防财务信息事故方面，律师应该承担更大的责任（Schwarcz，2006）。因为高管犯罪带来的负面影响显著大于财务舞弊带来的负面影响，所以独立董事因为高管犯罪所要承担的连带责任也会相应大于财务舞弊带来的连带责任。因此，出于规避法律风险和声誉风险的目的，具有法律背景的独立董事会对任职公司的犯罪行为表现出更低的容忍度。凭借已有的知识结构和从业经验，法律背景的独立董事可以更及时、更准确地捕捉到相关风险信息，并给予纠正。

进一步细化法律背景可知，律师事务所专职人员、法学研究的学术人员和公检法司部门的退休人员是我国上市公司中法律背景独立董事的三大组成部分①。其中，律师事务所专职人员最多，约占52.91%；法学研究人员占 27.05%；公检法司部门的退休人员占20.03%。从多元的法律背景来看，公司良好治理的表现之一是能够集思广益形成科学决策（方达和 Sassalos，2000）。独立董事间多元化的法律背景，不仅可以在知识结构和从业经验上形成互补，同时也可以提高沟通效率，从而对风险因素做出更全面、彻底的评估。一旦任职公司出现风险隐患，具有多元化法律背景的上市公司独立董事之间更容易形成一股合力，将风险隐患扼杀在萌芽状态。

从单一的法律背景来看，虽然以上群体均从事着法律相关工作，但在司法理论、司法实践和司法资源的掌握上却各有侧重。律师的优势在于：律师尤其是公司法专职律师，他们在司法实务方面

---

① 广义的法律背景还包括拥有法学教育背景或律师资格但不从事法律工作的群体，考虑到法律很可能不是这类群体的核心领域，本书定义的法律背景并未包含这一群体。

经验丰富，他们往往能凭借丰富的执业经验在早期对风险因素进行识别，并有针对性地提出可行性强的法律对策，及时将风险控制在合理范围内。法学研究人员更多侧重于对理论的研究，他们往往具有丰富的理论知识，但在司法实务方面相对薄弱。由于理论和实务存在较大差异，在洞察和识别风险因素上，法学研究人员可能不如司法实务更为丰富的律师和公检法司退休人员敏感。公检法司退休人员除司法实践较为丰富外，他们作为政府部门工作人员，往往拥有较多的司法资源，同时在决策力、执行力及威严方面也更加老到。由于高管犯罪可能波及公司运营的各个环节和领域，所以防范和识别高管犯罪也需要极为老练的司法实务经验。因此，独立董事法律背景的实务经验越丰富，可能越有助于发挥监督和预防高管犯罪的作用。基于以上分析，在此提出本章的第一个假设：

H2-1：其他条件一定的情况下，独立董事的法律背景能够起到抑制上市公司高管职务犯罪的作用；独立董事的法律背景越多元化、实务经验越丰富，高管职务犯罪的概率越低。

（二）法律背景独董抑制高管犯罪的作用路径分析

林克等（2009）研究发现，萨班斯法案引起了董事会构成的巨大变化，其中律师增长幅度最大，在董事会中占有的席位由2001年的5.55%上升到2004年的8.91%，而这一变化与企业不断增加的法律风险相吻合。在企业环境日趋复杂，经营风险不断增大的背景下，一方面，企业对法律专业人士的需求越来越多；另一方面，法律专业人士自主选择低风险公司的动机也越来越强。如果我们观察到，聘请具有法律背景独立董事的上市公司表现出更低的高管犯罪概率，则可能存在三种不同的作用路径：第一，监督作用。在这一作用路径下，法律背景的独立董事通过事前威慑以及防患于未然的做法，发挥了积极的专业作用。从源头上对任职公司的高管职务犯罪行为产生了一定程度的抑制，起到了"监督"的作用。第二，信号传递作用。在这一作用路径下，法律背景的独立董事并没有真正发挥抑制任职公司高管职务犯罪的作用，而是在任职前主动选择了法律风险较小的公司，仅仅起到"信号传递"的作用。第三，包庇作用。在这一作用路径下，法律背景的独立董事不仅没有发挥抑制任职公司高管职务犯罪的作用，而且在犯罪行为发生后选择动用自己的司法能力和资源来帮助履职公司掩饰罪行，最终降低犯罪行为被发现的概率，仅仅起到"包庇"的作用。基于上述分析，本章构建了法律背景独立董事对高管职务犯罪影响的作用机制结构图（见图2—5），并提出了本章第二个竞争性假设：

H2 - 2a：法律背景的独立董事降低了任职公司高管职务犯罪发生的概率，发挥了真正的"监督"作用。

H2 - 2b：法律背景的独立董事自主选择了低风险公司，仅仅起到"信号传递"的作用。

H2 - 2c：法律背景的独立董事降低了任职公司高管职务犯罪行为被发现的概率，仅仅起到"包庇"的作用。

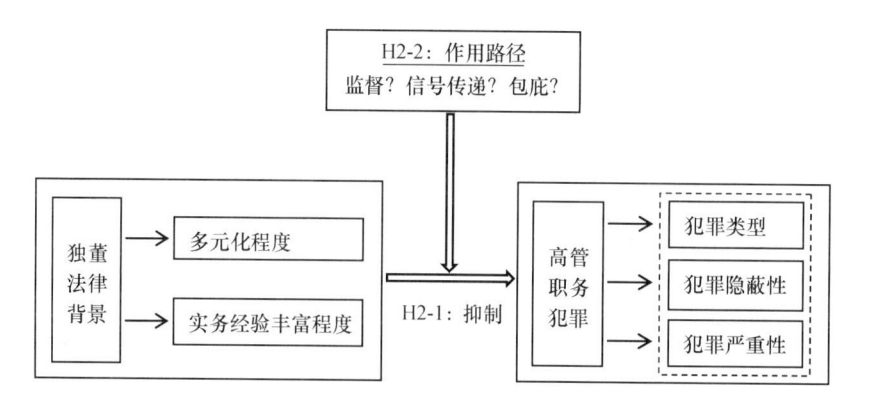

图2—5 法律背景独立董事对高管职务犯罪影响的作用机制结构图

三　研究设计

（一）研究样本与数据来源

本章以证监会强制要求上市公司聘请独立董事的首年——2002年作为样本起点。数据显示，在 1997 年至 2011 年，高管从涉案开始到一审结束的平均时间为 73 个月。也就是说，犯罪高管从开始涉案的 73 个月以后才可能需要承担相应的刑事责任。考虑到犯罪信息的滞后性，我们将样本终点定为 2009 年。书中的高管职务犯罪数据、独立董事法律背景数据和宗教信仰数据[①]通过手工整理得到，其他数据均来源于国泰安 CSMAR 数据库，部分缺失数据由作者根据年报补充得到。对于初始样本，我们进行如下筛选：（1）剔除金融保险类上市公司。（2）剔除数据缺失样本。最终得到 8877 个公司年的观测值。为避免受极端值影响，我们对所有连续变量上下两侧各 1% 的观测值进行了 Winsorize 处理。本章数据处理使用 STATA 计量分析软件进行。

（二）模型设定与变量定义

对于研究假设 H2－1，我们通过构建回归模型（2—1）至模型（2—3）进行检验。具体如下：

$$Logit（Crime）= b_0 + b_1 \times Legal + b \times \sum Control + e \quad （2—1）$$

$$Logit（Crime）= b_0 + b_1 \times Multi\_Legal + b \times \sum Control + e$$
$$（2—2）$$

$$Logit（Crime）= b_0 + b_1 \times Lawyer + b_2 \times Judicature + b_3 \times Professor + b \times \sum Control + e$$
$$（2—3）$$

---

①　之所以控制宗教信仰（religion）变量，是由于陈冬华、胡晓莉、梁上坤和新夫（2013）研究发现，上市公司所在地的宗教传统会对公司违规、盈余管理、审计意见类型等公司治理水平产生显著影响。

为了检验法律背景的独立董事是否真正发挥了监督作用，抑或仅仅起到信号传递作用（如法律专家背景的独立董事更偏好在会计信息质量好的公司任职）。Krishnan 等（2011）进行了差分分析（change analysis），即对原始模型进行一阶差分处理。在一阶差分模型中，若差分被解释变量与差分考察变量呈显著正相关，则说明法律背景独立董事的确发挥了积极的监督作用，而不仅仅是信号传递作用。为了进一步检验本章的研究假设 2—2，参照 Krishnan 等（2011）的研究，我们构建了与模型（2—1）至模型（2—3）相对应的一阶差分模型（2—4）至模型（2—6）。具体如下[①]：

$$Logit（Delta\_Crime）= b_0 + b_1 \times Delta\_Legal + b \times \sum Delta\_Control + e \tag{2—4}$$

$$Logit（Delta\_Crime）= b_0 + b_1 \times Delta\_Multi\_Legal + b \times \sum Delta\_Control + e \tag{2—5}$$

$$Logit（Delta\_Crime）= b_0 + b_1 \times Delta\_Lawyer + b_2 \times Delta\_Judicature + b_3 \times Delta\_Professor + b \times \sum Delta\_Control + e \tag{2—6}$$

模型涉及的主要变量定义如下：

1. 被解释变量

高管犯罪哑变量（Crime）。通过浏览各级法院和财经网站信息，整理出高管在任职期间发生的与任职公司相关的职务犯罪数据。若上市公司高管当年实施犯罪行为并最终被判刑，则 Crime 取值为 1，否则取值为 0。具体取值方法，我们使用安徽古井贡酒股份有限公司（股票代码：000596）董事，古井集团董事长、总裁王

---

① 被解释变量的度量方法为：若 $Crime_t - Crime_{t-1} < 0$，则 $Delta\_Crime_t$ 取值为 1，否则为 0；考察变量的度量方法为：若 $Legal\_N_t - Legal\_N_{t-1} > 0$，则 $Delta\_Legal_t$ 取值为 0；参照 $Delta\_Legal$，我们采用同样方法度量了 $Delta\_Lawyer$、$Delta\_Judicature$ 和 $Delta\_Professor$。控制变量则直接通过取一阶差分来度量。

效金受贿案加以说明。判决书显示：1991 年 10 月至 2007 年 3 月，王效金利用职务便利，在原材料采购、合股经营、企业收购、企业经营、资金拆借、广告承揽等方面为他人牟取利益或承诺牟取利益，收受他人贿赂共计人民币 507 万元、美元 67 万余元、港币 5 万元。以行贿行为发生时的外币兑换人民币汇率折算，王效金受贿总额达 1000 多万元人民币。法院依法判处王效金无期徒刑，剥夺政治权利终身，没收个人全部财产，违法所得予以追缴。[①] 由于本章研究样本的起点为 2002 年，因此，在 2002—2007 年，Crime 取值为 1。在这里需要说明的是，本章定义的上市公司高管包括，上市公司年报中披露的所有董事、监事、高级管理人员和实际控制人。之所以将实际控制人包含在内，是因为仅包含实际控制人犯罪的样本只有 9 家公司，约占全部犯罪样本（471 家）的 1.91%。同时，犯罪样本的遗漏现象比较严重。虽然实际控制人不一定在公司担任具体职务，但他们实际上掌控着公司的运行，属于公司的高层管理团队，实际控制人很难绕开所有高管实施职务犯罪行为[②]。

2. 解释变量

（1）法律背景独立董事（Legal）。参照 Krishnan 等（2011）对法律背景独立董事的度量方法，在本章主体部分，我们使用法律背景独立董事占所有独立董事的比例（Legal_P）来综合度量独立董事的所有法律背景。为了细化独立董事的不同法律类型，我们分别使用律师背景独立董事占所有独立董事比例（Lawyer_P）、公检法司背景独立董事占所有独立董事比例（Judicature_P）和法学研究背景独立董事占所有独立董事

---

① http://old.chinacourt.org/html/article/200902/06/343340.shtml.

② 若在对犯罪高管的界定中不包含实际控制人（即将 9 家实际控制人犯罪的样本归为高管未犯罪样本），或者直接删除 9 家实际控制人发生犯罪的样本，研究结论大体保持一致。

比例（*Professor_ P*）对独立董事的不同法律类型做出区分。在稳健性测试部分，我们使用对应的哑变量和绝对人数进行稳健性检验。

（2）多元化法律背景（*Multi_ Legal*）。本章使用上市公司中所有独立董事拥有的法律背景类型数度量法律背景的多元化程度①，最大取值为 3，最小取值为 0。

3. 控制变量

参照已有文献，本章对独立董事层面和公司层面的变量进行了控制。其中，独立董事层面的变量包括②：独立董事的平均教育水平（*Education*）、性别（*Gender*）、平均年龄（*Age*）和平均兼任个数（*Boardlock*）。公司层面的变量包括：宗教信仰（*Religion*）、市场化水平（*Market*）、业务复杂度（*Complex*）、企业规模（*Lnsize*）、盈利能力（*ROA*）、成长能力（*Growth*）、股权性质（*SOE*）、企业违规（*Violation*）、股权集中度（*Zindex*）、审计质量（*Big*4）、董事长和总经理两职合一（*Dual*）、上市年限（*List_ Age*）、年份（*Year*）、行业（*Industry*）和地区（*Province*）等。具体变量的定义方法参见表 2—5。

表 2—5   主要变量的定义和说明

符号	变量说明
被解释变量	
Crime	高管犯罪哑变量：若高管当年发生职务犯罪并最终被判刑，则取值为 1，否则取值为 0

---

① 在计算该指标时，本书考虑了同一独立董事拥有多种法律背景的情况。如法学教授同时在律师事务所任职，则多元化法律背景变量取值为 2。稳健性测试中，我们采取了不重复计算同一独立董事多重法律背景的度量方法，主要回归结果保持一致。

② 已有文献分别探讨了独立董事的政治、学术、财务、银行以及券商等背景对公司治理的影响。考虑到公检法司背景属于政治背景的范畴，法学研究背景属于学术背景的范畴，财务背景属于强制规定的范畴。而银行和券商背景的独董在应对高管职务犯罪时并不存在专业优势，因此我们未对独立董事的其他专业背景进行控制，控制以上背景的回归结果大体保持不变。

续表

符号	变量说明
考察变量	
Legal	法律背景独立董事：使用相对比例、哑变量和绝对人数三种方法度量
Multi_ Legal	多元化法律背景：上市公司所有独立董事拥有的法律背景类型数
Lawyer	律师从业背景独立董事：度量方法同上
Judicature	公检法司背景独立董事：度量方法同上
Professor	法学研究背景独立董事：度量方法同上
控制变量	
Education	独董教育水平：取所有独董教育水平的平均值。博士为5，硕士为4，本科为3，大专为2，其他为1
Gender	独董性别：独立董事中女性所占比例
Age	独董年龄：对所有独立董事的平均年龄取自然对数
Boardlock	独董兼任个数：取所有独立董事兼任个数的平均值
Religion	宗教信仰：如果上市公司注册地200公里内重点寺庙的数量大于当年所有上市公司的中值，则 *Religion* 取值为1，否则取值为0
Market	市场化水平：若所在省份市场化水平高于当年中值则取值1，否则取值为0
Complex	业务复杂度：公司经营业务涉及的行业个数
Lnsize	公司规模：公司年末总资产的自然对数
ROA	盈利能力：总资产报酬率＝净利润/期末总资产
Growth	成长能力：总资产增长率＝（期末总资产−期初总资产）/期初总资产
SOE	产权性质变量：当上市公司为国有企业时，SOE 取值为1，否则取值为0
Violation	企业违规变量：若上市公司当年出现违规则取值为1，否则取值为0
Zindex	股权集中度：第一大股东与第二大股东持股比例的比值
Big4	审计质量变量：若公司当年聘请四大会计师事务所，则取值为1，否则取值为0
Dual	两职合一变量：董事长和总经理两职合一则取值为1，否则取值为0
List_ Age	上市年限：当前年份减去公司上市年份
Industry	行业虚拟变量，CSRC 标准
Year	年份虚拟变量
Province	地区哑变量

四 实证结果与分析

(一) 样本描述性特征

表2—6报告了主要变量的时间分布特征。数据显示,观测期内犯罪样本平均占总样本的5.31%。也就是说,在2002—2009年,平均每20家上市公司中就有1家存在高管职务犯罪。由于高管犯罪隐蔽性强、查处周期长,很多犯罪行为是在移交工作进行离职审计时,或者资金链断裂已经无法通过操纵盈余维持报表数据时,甚至上市公司资产完全被掏空而无法正常运转时才被发现。因此,这一数据存在较大的滞后性,这也是犯罪样本随着时间推移而呈现递减趋势的原因。样本期内,有40.57%的上市公司聘请了至少一名法律从业人员,并且这一比例呈现出逐年上涨的趋势。这说明,随着经营环境的日趋复杂和组织运营的不确定性,法律背景的独立董事越来越受到上市公司的青睐。对法律任职背景进一步细分后,我们发现三种背景的独立董事人数均呈现出逐年增长的趋势,其中律师构成了法律背景独立董事的绝大部分,平均每10家上市公司中就有3家聘请了律师专职人员担任独立董事,公检法司的退休人员相对较少。由于部分公检法司退休人员和法学研究人员同时也在律师事务所兼职,因此,三种背景的累计观测值超过了所有法律背景的观测值。

表2—6 样本描述性特征

年份	观测	Crime		Legal		Lawyer		Judicature		Professor	
		观测	占比	观测	占比	观测	占比	观测	占比	观测	占比
2002	1002	80	7.98%	239	23.85%	187	18.66%	45	4.49%	88	8.78%
2003	1079	87	8.06%	411	38.09%	319	29.56%	89	8.25%	135	12.51%
2004	1132	81	7.16%	448	39.58%	347	30.65%	97	8.57%	147	12.99%
2005	1129	59	5.23%	461	40.83%	364	32.24%	101	8.95%	150	13.29%

续表

年份	观测	Crime		Legal		Lawyer		Judicature		Professor	
		观测	占比	观测	占比	观测	占比	观测	占比	观测	占比
2006	1136	52	4.58%	474	41.73%	379	33.36%	103	9.07%	156	13.73%
2007	1134	48	4.23%	495	43.65%	390	34.39%	111	9.79%	156	13.76%
2008	1134	35	3.09%	529	46.65%	419	36.95%	128	11.29%	166	14.64%
2009	1131	29	2.56%	544	48.10%	430	38.02%	132	11.67%	176	15.56%
总计	8877	471	5.31%	3601	40.57%	2835	31.94%	806	9.08%	1174	13.23%

（二）变量描述性统计

表2—7报告了所有变量的描述性统计结果。样本期内，共有5.3%的上市公司发生了高管职务犯罪事件。法律背景独立董事的平均比例为13.2%，最高达100%；上市公司中法律背景独立董事类型最多有3种，均值为0.542；律师、公检法司、法学研究背景独立董事的平均比例分别为10.2%、2.8%和4%。独立董事的平均教育水平介于本科与硕士之间，其中男性居多，女性仅占11.3%；独立董事的年龄差异也较大，最小36岁，最大67岁；独立董事平均兼任个数为1.612个。公司经营业务涉及的行业个数平均为3.8个，最大达到9个。超过75%的上市公司盈利水平为正。71.1%的公司为国有企业。12%的公司出现违规行为。上市公司股权集中度普遍较高，50%以上的上市公司第一大股东持股比例是第二大股东持股比例的5倍，且最高是380.3倍。6.2%的上市公司聘请了国际四大会计师事务所。12.2%的上市公司董事长和总经理由一人担任。样本公司的平均上市年限为7.865年，最高达17年。

表2—7 变量描述性统计

	N	均值	标准差	最小值	P25	中位数	P75	最大值
Panel A：被解释变量								
Crime	8877	0.053	0.224	0	0	0	0	1

续表

	N	均值	标准差	最小值	P25	中位数	P75	最大值
Panel B：考察变量								
Legal_ P	8877	0.132	0.173	0	0	0	0.333	1
Multi_ Legal	8877	0.542	0.733	0	0	0	1	3
Lawyer_ P	8877	0.102	0.159	0	0	0	0.250	1
Judicature_ P	8877	0.028	0.091	0	0	0	0	0.500
Professor_ P	8877	0.040	0.106	0	0	0	0	0.667
Panel C：控制变量								
Education	8877	3.808	0.628	1	3.333	4	4.333	5
Gender	8877	0.113	0.181	0	0	0	0.250	1
Age	8877	3.914	0.134	3.593	3.823	3.917	4.007	4.212
Boardlock	8877	1.612	0.623	1	1	1.500	2	7
Religion	8877	0.491	0.500	0	0	0	1	1
Market	8877	0.567	0.496	0	0	1	1	1
Complex	8877	3.801	1.758	1	2.440	3.625	5	9
Lnsize	8877	21.38	1.140	18.53	20.64	21.29	22.02	25.02
ROA	8877	0.017	0.096	− 0.548	0.008	0.027	0.053	0.214
Growth	8877	0.150	0.351	− 0.514	− 0.016	0.079	0.220	2.141
SOE	8877	0.711	0.453	0	0	1	1	1
Violation	8877	0.120	0.325	0	0	0	0	1
Zindex	8877	27.87	60.98	1.016	1.919	5.792	22.66	380.3
Big4	8877	0.062	0.242	0	0	0	0	1
Dual	8877	0.122	0.327	0	0	0	0	1
List_ Age	8877	7.865	3.918	0	5	8	11	17

（三）单变量检验

表 2—8 报告了高管犯罪样本与非犯罪样本间所有变量的均值和中值检验结果。独立董事法律背景的单变量检验中，公检法司背景（*Judicature_ P*）在两组之间存在显著差异：高管犯罪样本的平均比例显著低于非犯罪样本平均比例。这初步印证了"不同类型的法律背景在发挥监督职能时可能会存在差异"这一观点。同时，高管犯罪样本独立董事的年龄显著低于非犯罪样本的年龄。公司层面

的检验结果显示：高管犯罪样本的宗教环境更差、业务更为复杂、规模更大、盈利能力和成长能力更差、违规更严重、股权集中度更高。高管犯罪更容易发生在国有企业中，同时聘请了更多的四大会计师事务所。单变量检验的结果部分印证了本章研究假设 H2－1。所有变量间相关系数的检验结果显示[①]，解释变量与控制变量之间相关系数的绝对值最大为 0.385，不存在高度相关性。本章接下来将进一步控制其他变量，进行多元回归分析。

表 2—8　　　　　　　　　　　单变量检验

变量	高管犯罪			非高管犯罪			均值 T 检验	中值 Z 检验
	N	均值	中值	N	均值	中值		
Legal_P	471	0.123	0	8406	0.132	0	－1.127	－0.738
Multi_Legal	471	0.505	0	8406	0.544	0	－1.129	－0.723
Lawyer_P	471	0.092	0	8406	0.103	0	－1.535	－1.237
Judicature_P	471	0.019	0	8406	0.028	0	－2.000**	－1.560
Professor_P	471	0.041	0	8406	0.040	0	0.243	0.109
Education	471	3.784	3.750	8406	3.809	4	－0.828	－0.641
Gender	471	0.105	0	8406	0.114	0	－0.959	－1.061
Age	471	3.885	3.878	8406	3.916	3.919	－4.981***	－5.200***
Boardlock	471	1.589	1.500	8406	1.613	1.500	－0.826	－1.522
Religion	471	0.399	0	8406	0.496	0	－4.103***	－4.099***
Market	471	0.537	1	8406	0.568	1	－1.322	－1.321
Complex	471	4.140	4	8406	3.782	3.560	4.307***	3.890***
Lnsize	471	21.77	21.74	8406	21.35	21.27	7.826***	7.637***
ROA	471	0.003	0.021	8406	0.017	0.028	－3.194***	－3.541***
Growth	471	0.106	0.069	8406	0.152	0.080	－2.739***	－1.937*
SOE	471	0.752	1	8406	0.709	1	2.000**	2.000**
Violation	471	0.219	0	8406	0.115	0	6.760***	6.743***
Zindex	471	41.19	4.565	8406	27.12	5.854	4.876***	1.537

①　该部分结果未在书中报告，如需查看，可向作者索要，下同。

续表

变量	高管犯罪			非高管犯罪			均值 T 检验	中值 Z 检验
	N	均值	中值	N	均值	中值		
*Big*4	471	0.119	0	8406	0.059	0	5.230***	5.223***
Dual	471	0.100	0	8406	0.123	0	−1.485	−1.485
List_ Age	471	7.745	8	8406	7.872	8	−0.683	−0.634

注：＊、＊＊、＊＊＊分别表示在10%、5%和1%的显著性水平上异于0（双尾）。

（四）法律背景独董抑制高管犯罪的检验

表2—9报告了研究假设 H2 – 1 的回归结果，所有模型的调整 R 方介于 0.1536 至 0.1570 之间，拟合优度较好。在模型（2—1）中，法律背景独立董事所占比例与高管职务犯罪在 5% 的水平上呈显著负相关关系。整体来看，这说明独立董事的法律任职背景对上市公司高管犯罪起到抑制作用。在模型（2—2）中，多元化法律背景与高管职务犯罪在 10% 的水平上呈显著负相关关系。这说明，上市公司独立董事的法律背景越多元化，其高管职务犯罪的概率越低。在模型（2—31）至模型（2—33）中，当分别放入单一法律背景时，独立董事的律师从业背景在 5% 的水平上显著为负，公检法司背景在 1% 的水平上显著为负，法学研究背景呈正相关但不显著。在模型（2—34）中，当同时放入三种类型的法律背景时，独立董事的律师从业背景和公检法司背景在 5% 的水平上显著为负，法学研究背景仍然不显著。这一回归结果说明，不同类型的法律背景在抑制高管职务犯罪、降低企业法律风险上的确存在差异。来自律师事务所的专职人员和公检法司退休人员的独立董事由于司法实践更为丰富，他们在防范高管职务犯罪方面有着相对优势。从事法学研究的学术人员由于更多地侧重于理论研究，上市公司聘请该类独立董事可能更多是出于为企业整体发展做谋划的动机。表2—9的回归结果在一定程度上支持了本章研究假设 H2 – 1。

表2—9　法律背景类型（相对比例）与高管犯罪

变量名称	变量符号	模型（2—1）	模型（2—2）	模型（2—31）	模型（2—32）	模型（2—33）	模型（2—34）
法律背景独立董事比例	Legal_P	-0.703**					
		(-2.311)					
多元化法律背景	Multi_Legal		-0.129*				
			(-1.749)				
律师从业背景独董比例	Lawyer_P			-0.876**			-0.716**
				(-2.569)			(-2.019)
公检法司背景独董比例	Judicature_P				-1.765***		-1.478**
					(-2.707)		(-2.206)
法学研究背景独董比例	Professor_P					0.043	0.237
						(0.091)	(0.490)
独立董事教育水平	Education	-0.304***	-0.288***	-0.312***	-0.304***	-0.278***	-0.331***
		(-3.165)	(-3.011)	(-3.245)	(-3.169)	(-2.893)	(-3.425)
独立董事性别	Gender	-0.215	-0.219	-0.240	-0.202	-0.223	-0.221
		(-0.737)	(-0.751)	(-0.821)	(-0.690)	(-0.764)	(-0.757)
独立董事年龄	Age	-2.741***	-2.616***	-2.800***	-2.573***	-2.458***	-2.828***
		(-5.964)	(-5.786)	(-6.060)	(-5.783)	(-5.538)	(-6.126)

续表

变量名称	变量符号	模型（2—1）	模型（2—2）	模型（2—31）	模型（2—32）	模型（2—33）	模型（2—34）
独董兼任个数	Boardlock	-0.049	-0.048	-0.051	-0.056	-0.044	-0.062
		(-0.562)	(-0.553)	(-0.588)	(-0.649)	(-0.511)	(-0.715)
宗教信仰	Religion	-0.467**	-0.460*	-0.474**	-0.424*	-0.453*	-0.440*
		(-1.977)	(-1.947)	(-2.007)	(-1.790)	(-1.914)	(-1.855)
市场化水平	Market	-0.662	-0.644	-0.673	-0.645	-0.625	-0.677
		(-1.307)	(-1.272)	(-1.329)	(-1.275)	(-1.233)	(-1.337)
业务复杂度	Complex	0.074***	0.075***	0.074***	0.077***	0.074**	0.077***
		(2.596)	(2.615)	(2.587)	(2.692)	(2.568)	(2.678)
企业规模	Lnsize	0.694***	0.693***	0.689***	0.685***	0.690***	0.684***
		(11.105)	(11.083)	(11.042)	(10.949)	(11.043)	(10.933)
盈利能力	ROA	-2.028***	-2.036***	-2.020***	-2.035***	-2.067***	-2.004***
		(-3.755)	(-3.774)	(-3.739)	(-3.763)	(-3.836)	(-3.699)
成长能力	Growth	-0.837***	-0.831***	-0.840***	-0.832***	-0.820***	-0.843***
		(-3.849)	(-3.830)	(-3.854)	(-3.828)	(-3.787)	(-3.860)
产权性质	SOE	-0.142	-0.138	-0.136	-0.150	-0.153	-0.139
		(-1.104)	(-1.076)	(-1.057)	(-1.164)	(-1.190)	(-1.083)
企业违规	Violation	0.921***	0.915***	0.915***	0.907***	0.917***	0.905***

续表

变量名称	变量符号	模型 (2—1)	模型 (2—2)	模型 (2—31)	模型 (2—32)	模型 (2—33)	模型 (2—34)
		(6.818)	(6.769)	(6.772)	(6.701)	(6.777)	(6.687)
股权集中度	Zindex	0.002 ***	0.002 ***	0.002 ***	0.002 ***	0.002 ***	0.002 ***
		(3.030)	(2.991)	(2.999)	(3.029)	(2.909)	(3.059)
审计质量	Big4	0.035	0.038	0.049	0.054	0.035	0.066
		(0.187)	(0.203)	(0.260)	(0.288)	(0.187)	(0.351)
两职合一	Dual	-0.057	-0.064	-0.060	-0.070	-0.061	-0.067
		(-0.335)	(-0.377)	(-0.355)	(-0.416)	(-0.362)	(-0.398)
上市年限	List_ Age	0.063 ***	0.062 ***	0.064 ***	0.062 ***	0.061 ***	0.065 ***
		(3.291)	(3.256)	(3.347)	(3.266)	(3.219)	(3.375)
截距项	Cons	-8.553 ***	-9.080 ***	-8.207 ***	-9.027 ***	-9.732 ***	-7.886 ***
		(-3.852)	(-4.138)	(-3.665)	(-4.147)	(-4.491)	(-3.514)
行业/年份/省份	Industry&Year& Province	Control	Control	Control	Control	Control	Control
调整 R 方	Pseudo R2	0.1550	0.1544	0.1554	0.1558	0.1536	0.1570
卡方值	LR chi2	570.96	568.60	572.33	573.83	565.47	578.04
观测值	Observations	8877	8877	8877	8877	8877	8877

注：*、**、***分别表示在 10%、5%以及 1%水平上显著异于 0（双尾）。

　　控制变量的回归结果显示：独立董事的平均教育水平与高管职务犯罪在 1% 的水平上呈显著负相关关系，这说明独立董事的教育水平越高，越能更好地履行监督职能。独立董事的平均年龄与高管犯罪在 1% 的水平上呈显著负相关关系，这可能是因为年长的独立董事经验更为丰富，同时也更为保守，因此对犯罪行为的容忍度更低。宗教信仰与高管职务犯罪至少在 10% 的水平上呈显著负相关关系，这说明上市公司所在地宗教传统越强，越少发生高管职务犯罪行为，与陈冬华等（2013）的研究结论一致。公司业务复杂度与高管职务犯罪至少在 5% 的水平上呈显著正相关关系，这说明业务复杂度的提高会降低公司的透明度，扩大经理人和股东之间的信息差距，能够加深管理层的道德风险程度（Bushman 等，2004）。企业规模与高管犯罪在 1% 的水平上呈显著正相关关系，这可能是因为企业规模在一定程度上反映了高管犯罪收益的大小，而高额的收益对高管犯罪起到正面的激励作用。公司盈利能力和成长能力与高管犯罪均在 1% 的水平上呈显著负相关关系，这说明公司的发展前景越好，犯罪的机会成本越高，犯罪概率就会显著降低。公司违规与高管犯罪在 1% 的水平上呈显著正相关关系，这说明违规很可能是高管掩盖自身犯罪行为的表象。股权集中度与高管犯罪在 1% 的水平上呈显著正相关关系，这说明代理问题越严重，高管犯罪概率越大。审计质量与高管犯罪不显著的关系说明，在预防高管职务犯罪上，四大会计师事务所并没有比其他事务所发挥更好的监督作用。上市时间与高管职务犯罪在 1% 的水平上呈显著正相关关系，这说明上市年限越长的公司，越容易发生高管职务犯罪行为。

　　（五）法律背景独董抑制高管犯罪的作用路径检验

　　1. "监督" 抑或 "信号传递"？

　　参照 Krishnan 等（2011）的相关研究，我们分别对三个模型进行了一阶差分处理。在一阶差分模型中，若差分被解释变量与差分考察变量呈显著正相关关系，则说明法律背景独董的确积极发挥了监督作用，而不仅仅是信号传递作用。表2—10报告了与表2—9相对应的一阶差分回归结果。所有差分模型的调整 R 方介于0.0656至0.0754之间，拟合优度较好。回归结果显示，差分模型（2—4）、模型（2—5）和模型（2—61）中的考察差分变量仍然维持显著，模型（2—62）中的考察差分变量变为不显著。这一回归结果表明，法律专业人士在选择担任上市公司独立董事之前，的确会在一定程度上考虑履职公司的风险水平，但同时律师事务所背景的独立董事在事中也积极发挥了监督作用。

2.“监督”抑或“包庇”？

通过以上研究发现，独立董事中公检法司的退休人员有助于抑制上市公司的高管犯罪行为。另一种可能的解释是，公检法司的退休人员①动用自己的司法资源来帮助履职公司掩饰罪行。如果这一解释成立，那么我们应该可以观察到，聘请公检法司退休人员担任独立董事的上市公司虽然高管职务犯罪比例更低（实际发生了高管犯罪行为，但我们未能观察到），但代理问题却比较严重，公司治理应该更差。为了区分这一竞争性假设，我们按照“同行业、同年份、规模最接近”的原则对聘请公检法司退休人员担任独立董事的上市公司（806个公司年观测值）进行一一配对。具体配对要求如下：（1）配对样本未聘请公检法司退休人员担任独立董事；（2）配对样本与观测样本属于同一行业；（3）配对样本与观测样本属于同一年份；（4）配对样本与观测样本规模最接近，且上下波动不超过30%。我们对观测样本（聘请公检法司退休人员担任独立董事的样本）和配对样本（未聘请公检法司退休人员担任独立董事

---

① 在对“包庇”作用路径的考察上，我们主要围绕司法资源最丰富的公检法司退休人员展开。

表 2—10 法律背景类型与高管犯罪一阶差分模型

变量名称	变量符号	差分模型 (2—4)	差分模型 (2—5)	差分模型 (2—61)	差分模型 (2—62)	差分模型 (2—63)	差分模型 (2—64)
法律背景独立董事差分	Delta_Legal	0.736** (2.426)					
多元化法律背景差分	Delta_Multi_Legal		0.738** (2.374)				
律师从业背景独董差分	Delta_Lawyer			0.884*** (2.784)			0.837** (2.425)
公检法司背景独董差分	Delta_Judicature				-0.962 (-0.943)		-1.413 (-1.369)
法学研究背景独董差分	Delta_Professor					1.133*** (2.759)	0.835* (1.867)
独立董事教育水平差分	Delta_Education	-0.268 (-0.841)	-0.283 (-0.891)	-0.247 (-0.775)	-0.402 (-1.213)	-0.392 (-1.241)	-0.327 (-1.027)
独立董事性别差分	Delta_Gender	-0.099 (-0.113)	-0.095 (-0.108)	-0.127 (-0.145)	-0.072 (-0.077)	-0.132 (-0.149)	-0.163 (-0.187)
独立董事年龄差分	Delta_Age	0.769	0.675	0.973	-0.070	0.085	0.681

上市公司独立董事专业性研究

续表

变量名称	变量符号	差分模型(2-4)	差分模型(2-5)	差分模型(2-61)	差分模型(2-62)	差分模型(2-63)	差分模型(2-64)
独董兼任个数差分	Delta_Boardlock	0.072 (0.302)	0.074 (0.307)	0.059 (0.245)	0.046 (0.187)	0.058 (0.241)	0.048 (0.200)
宗教信仰差分	Delta_Religion	−0.227 (−0.129)	−0.230 (−0.131)	−0.212 (−0.121)	−0.248 (−0.146)	−0.223 (−0.130)	−0.211 (−0.121)
市场化水平差分	Delta_Market	−0.768 (−0.708)	−0.742 (−0.686)	−0.700 (−0.648)	−0.768 (−0.705)	−0.745 (−0.694)	−0.762 (−0.694)
业务复杂度差分	Delta_Complex	−0.094 (−0.670)	−0.098 (−0.699)	−0.093 (−0.659)	−0.096 (−0.687)	−0.101 (−0.717)	−0.095 (−0.671)
企业规模差分	Delta_Lnsize	−0.441*** (−2.637)	−0.439*** (−2.622)	−0.434*** (−2.598)	−0.459*** (−2.747)	−0.474*** (−2.842)	−0.436*** (−2.617)
盈利能力差分	Delta_ROA	−0.000 (−0.396)	−0.000 (−0.386)	−0.000 (−0.376)	−0.000 (−0.497)	−0.000 (−0.503)	−0.000 (−0.403)
成长能力差分	Delta_Growth	0.001 (0.203)	0.001 (0.201)	0.001 (0.200)	0.001 (0.218)	0.001 (0.224)	0.001 (0.199)
产权性质差分	Delta_SOE	1.540*** (0.519)	1.571*** (0.457)	1.508*** (0.656)	1.557*** (−0.046)	1.582*** (0.058)	1.554*** (0.461)

续表

变量名称	变量符号	差分模型 (2—4)	差分模型 (2—5)	差分模型 (2—61)	差分模型 (2—62)	差分模型 (2—63)	差分模型 (2—64)
企业违规差分	Delta_Violation	-0.772***	-0.783***	-0.763***	-0.783***	-0.785***	-0.761**
		(3.145)	(3.206)	(3.095)	(3.155)	(3.210)	(3.173)
股权集中度差分	Delta_Zindex	-0.001	-0.001	-0.001	-0.001	-0.001	-0.001
		(-0.450)	(-0.456)	(-0.477)	(-0.509)	(-0.513)	(-0.568)
审计质量差分	Delta_Big4	0.663	0.677	0.658	0.621	0.682	0.652
		(0.854)	(0.870)	(0.850)	(0.799)	(0.877)	(0.825)
两职合一差分	Delta_Dual	-0.263	-0.266	-0.253	-0.291	-0.253	-0.270
		(-0.701)	(-0.712)	(-0.681)	(-0.767)	(-0.675)	(-0.720)
截距项	Cons	-5.037***	-5.038***	-5.058***	-4.862***	-4.938***	-4.975***
		(-5.859)	(-5.855)	(-5.876)	(-5.682)	(-5.780)	(-5.777)
年份/行业	Industry & Year	Control	Control	Control	Control	Control	Control
调整 R 方	Pseudo R2	0.0690	0.0709	0.0702	0.0656	0.0696	0.0754
卡方值	LR chi2	80.43	80.19	81.88	76.52	81.14	87.95
观测值	Observations	7554	7554	7554	7554	7554	7554

注：*，**，***分别表示在 10%，5%以及 1%水平上显著异于 0（双尾）。

▶ 上市公司违规行为研究

的样本）的公司治理情况进行了单变量检验，结果如表 2—11 所示。

表 2—11   配对样本的单变量检验

变量名称	变量符号	观测样本			配对样本			均值 T 检验	中值 Z 检验
		N	均值	中值	N	均值	中值		
企业规模	*Lnsize*	806	21.30	21.28	806	21.39	21.31	−1.445	−0.966
高管犯罪	*Crime*	806	0.065	0	806	0.068	0	−0.205	−0.357
独立董事比例	*Indirector*	801	0.369	0.333	799	0.357	0.333	2.848 ***	2.116 **
两职合一	*Dual*	806	0.136	0	806	0.113	0	1.433	1.432
股权集中度	*Zindex*	806	29.20	5.603	806	25.40	5.263	1.270	0.497
审计质量	*Big*4	806	0.071	0	806	0.058	0	1.014	1.014
高管平均薪酬	*Pay*	799	11.79	11.80	799	11.90	11.91	−2.665 ***	−2.152 **
机构持股比例	*Institude*	803	0.185	0.100	799	0.174	0.096	−1.123	−1.324
盈利能力	*ROA*	806	0.008	0.027	806	0.012	0.027	−0.793	−0.264
成长性	*Growth*	806	0.131	0.073	806	0.151	0.073	−1.175	−1.305

注：*、**、***分别表示在10%、5%以及1%水平上显著异于0（双尾）。

从检验结果可以看出，配对样本的企业规模略大，但与观测样本非常接近，这说明我们较好地排除了行业、年份以及规模导致的差异。配对样本的高管犯罪比例略高，但不显著。公司治理指标的单变量检验结果均不支持"聘请公检法司退休人员担任独立董事的上市公司代理问题更严重"这一观点。独立董事比例的检验结果显示，观测样本组反而聘请了更高比例的独立董事。与此同时，高管平均薪酬的检验结果也显示，配对样本的高管平均薪酬显著高于观测样本平均薪酬，这进一步排除了"包庇"的替代性解释的可能性。实际上，由于证监会对独立董事的提名、选举和更换做出了明确的规定，上市公司管理层并不拥有独立董事的绝对选聘权。同时，独立董事也只是从任职公司领取固定津贴。他们并不存在通过动用司法资源来帮助履职公司掩饰罪行的直接动机。根据表 2—11 的单变量检验结果，我们在一定程度上排除了公检法司退休人员动用自己的司法资源来帮助履职公司掩饰罪行的替代性解释的可能性。

（六）稳健性测试

1. 改变考察变量的度量方法

在本章主体部分，我们使用相对比例度量了独立董事的综合法律背景（Legal_ P）和分类法律背景（Lawyer_ P）、（Judicature_ P）、（Professor_ P）。作为稳健性测试，我们使用综合法律背景和分类法律背景对应的绝对人数（Legal_ N）、（Lawyer_ N）、（Judicature_ N）、（Professor_ N）作为替代，重新对表 2—9 进行回归，结果如表 2—12 所示。可以看出，除模型（2—1）中综合法律背景（Legal_ N）的显著性由表 2—9 的 5% 下降至表 2—12 的 10% 以外，其他考察变量和控制变量的回归结果均大致保持不变。这说明本章的研究结果并不受考察变量度量方法的影响，研究结论较为稳定。

2. 其他稳健性测试

此外，我们还进行了如下未披露的稳健性测试：（1）使用综合法律背景和分类法律背景对应的哑变量（Legal_ D）、（Lawyer_ D）、（Judicature_ D）、（Professor_ D），重新进行检验。（2）张玮倩和方军雄（2016）通过搜索含有"高管腐败""高管贪污""高管受贿""高管贪腐""高管双规""高管被查""高管被带走""高管违规"等关键词的新闻以确定上市公司是否出现高管腐败行为。为了防止高管犯罪（Crime）取值方法导致的样本偏误，本章删除涉案高管被调查，但无法找到最终处理结果的样本，重新进行检验。（3）不重复计算单个独立董事的多重法律背景，重新进行检验。上述稳健性检验结果与前文结果并无实质性差异，这说明本章结论较为稳定。

表 2—12　　　　　　　法律背景类型（绝对人数）与高管犯罪

变量名称	变量符号	模型 (2—1)	模型 (2—31)	模型 (2—32)	模型 (2—33)	模型 (2—34)
法律背景独立 董事数量	*Legal_ N*	− 0. 197 *				
		(− 1. 805)				
律师从业背景 独董数量	*Lawyer_ N*		− 0. 412 ***			− 0. 400 ***
			(− 3. 286)			(− 3. 070)
公检法司背景 独董数量	*Judicature_ N*			− 0. 531 **		− 0. 339
				(− 2. 045)		(− 1. 276)
法学研究背景 独董数量	*Professor_ N*				0. 150	0. 247
					(0. 908)	(1. 469)
控制变量	*Control Variables*	Control	Control	Control	Control	Control
调整 R 方	*Pseudo R2*	0. 136	0. 139	0. 136	0. 135	0. 140
卡方值	*LR chi2*	391. 3	399. 5	392. 7	388. 8	403. 5
观测值	*Observations*	7490	7490	7490	7490	7490

注：＊、＊＊、＊＊＊分别表示在 10%、5% 以及 1% 水平上显著异于 0（双尾）。

五　进一步拓展与研究

（一）法律背景独董与高管犯罪类型

根据受益主体的不同，可以将高管犯罪分为个人层面犯罪和公司层面犯罪①。其中，个人层面犯罪的受益主体主要是犯罪高管本人，并且往往以损害其他相关者（如中小股东）的利益为代价。如挪用公款/资金、贪污和职务侵占等。公司层面犯罪的受益主体通常包含整个公司，如行贿、非法吸收公众存款、非法经营、偷税、

---

① 更为合理的划分标准为按罪种来分类。然而，由于高管犯罪涉及的罪行数高达三十余种，每一个罪种的样本量有限。我们只能退而求其次将其笼统地划分为两类。

操纵证券交易价格等。由于不同犯罪类型对公司（或中小股东）利益的损害程度不同，法律背景独立董事对高管不同犯罪类型的抑制作用是否也存在差异呢？为了解答这一疑问，我们构建个人层面犯罪（Crime_ Private）和公司层面犯罪（Crime_ Public）哑变量，重新对本章假设 H2 – 1 进行检验。

具体定义方法为：若高管涉及受贿罪、挪用公款/资金罪、贪污罪、职务侵占罪、内幕交易/泄露内幕信息罪、巨额财产来历不明罪、国有公司工作人员失职/滥用职权罪、为亲友非法牟利罪、玩忽职守罪、私分国有资产罪和背信损害上市公司利益罪等罪行之一，则 Crime_ Private 取值为 1，否则取值为 0；若高管涉及合同/票据/贷款诈骗罪、虚假信息披露/财务报告罪、虚报/抽逃资本罪、行贿/单位行贿罪、操纵证券交易价格罪、欺诈发行股票/上市罪、走私普通货物罪、虚开增值税专用发票罪、重大环境污染事故罪、隐匿、故意销毁会计凭证罪、非法吸收公众存款罪、伪造证据、金融票证罪、偷税罪、违法发放贷款罪、逃汇罪、非法经营罪和隐瞒境外存款罪等罪行之一，则 Crime_ Public 取值为 1，否则取值为 0。表 2—13 Panel A 和 B 分别报告了分犯罪类型的检验结果①，可以看出，法律背景的独立董事在抑制个人层面犯罪中积极发挥了监督作用，而在抑制公司层面犯罪中的作用并不明显。

（二）法律背景独董与高管犯罪隐蔽性

独立董事对上市公司高管犯罪的识别能力和监督能力还取决于犯罪行为本身的隐蔽性，对于隐蔽性较强的犯罪，独立董事的识别难度可能更大。为了检验法律背景的独立董事在履行监督职能时是

---

① 出于篇幅考虑，我们省略了所有控制变量的回归结果。如需查看，可向作者索要。

否受犯罪隐蔽性的影响，我们使用涉案时间①的倒数构造犯罪隐蔽性变量（*Crime_ Concealment*），该变量取值越大，说明犯罪的涉案时间越短，则隐蔽性越差。表2—14报告了法律背景独立董事与犯罪隐蔽性的回归结果。结果显示：犯罪隐蔽性（*Crime_ Concealment*）与法律背景独立董事（*Legal_ P*）在10%的水平上呈显著负相关关系，与律师从业背景（*Lawyer_ P*）和公检法司任职背景（*Judicature_ P*）的独立董事均至少在5%的水平上呈显著负相关关系。这一结果说明，法律背景（律师从业背景和公检法司任职背景）的独立董事比例越大，上市公司高管犯罪的隐蔽性越强。也就是说，对于隐蔽性较差的高管犯罪（如合同诈骗、内幕交易、泄露内幕信息等），法律背景的独立董事能够更好地发挥其监督职能。

（三）法律背景独董与高管犯罪严重性

接下来，我们进一步检验法律背景独立董事与高管犯罪严重性之间的关系。为了检验这一关系，我们使用刑期②来度量犯罪严重性（*Crime_ Seriousness*），刑期越长，则犯罪越严重。表2 – 15报告了法律背景独立董事与高管犯罪严重性的回归结果。结果显示：犯罪严重性（*Crime_ Seriousness*）与独立董事法律背景（*Legal_ P*）、多元化法律背景（*Multi_ Legal*）、律师从业背景（*Lawyer_ P*）和公检法司任职背景（*Judicature_ P*）均至少在5%的水平上呈显著负相关关系。这一结果说明，对于独立董事中法律背景比例较高（尤其是律师从业背景和公检法司任职背景）和多元化的上市公司，其更不可能出现较为严重的高管职务犯罪行为。

---

①　涉案时间为从涉案开始到涉案终止之间的时间跨度（年）。对于没有发生高管犯罪的公司，我们将其涉案时间定义为正无穷大，因此犯罪隐蔽性（*Crime_ Concealment*）取值为0。

②　我国刑法规定，有期徒刑的最高期限为15年，在数罪并罚和死刑缓期执行减为有期徒刑时，有期徒刑可以延长到20年。为了便于量化，我们将42位被判无期徒刑或死刑（死缓）高管的刑期按20年来计算。具体度量方法为：$Crime\_ Seriousness = ln$（刑期年数 + 1）

表2—13　法律背景独立董事与高管犯罪类型

Panel A 个人犯罪层面：被解释变量为 Crime_Private

变量名称	变量符号	模型（2—1）	模型（2—2）	模型（2—31）	模型（2—32）	模型（2—33）	模型（2—34）
法律背景独立董事比例	Legal_P	−1.218*** (−3.547)					
多元化法律背景	Multi_Legal		−0.230*** (−2.815)				
律师从业背景独董比例	Lawyer_P			−1.823*** (−4.562)			−1.741*** (−4.207)
公检法司背景独董比例	Judicature_P				−2.072*** (−2.723)		−1.360* (−1.725)
法学研究背景独董比例	Professor_P					0.271 (0.543)	0.715 (1.397)
控制变量	Control Variables	Control	Control	Control	Control	Control	Control
调整 R 方	Pseudo R2	0.1758	0.1742	0.1787	0.1744	0.1718	0.1803
卡方值	LR chi2	576.45	571.44	586.05	571.86	563.43	591.36
观测值	Observations	8877	8877	8877	8877	8877	8877

续表

Panel B 公司犯罪层面：被解释变量为 Crime_Public

变量名称	变量符号	模型（2—1）	模型（2—2）	模型（2—31）	模型（2—32）	模型（2—33）	模型（2—34）
法律背景独立董事比例	Legal_P	0.434 (0.760)					
多元化法律背景	Multi_Legal		0.113 (0.696)				
律师从业背景独董比例	Lawyer_P			0.182 (0.278)			0.112 (0.167)
公检法司背景独董比例	Judicature_P				0.904 (0.882)		0.880 (0.845)
法学研究背景独董比例	Professor_P					-0.208 (-0.182)	-0.257 (-0.224)
控制变量	Control Variables	Control	Control	Control	Control	Control	Control
调整 R 方	Pseudo R2	0.2673	0.2672	0.2668	0.2674	0.2668	0.2675
卡方值	LR chi2	287.55	287.45	287.05	287.72	287.01	287.79
观测值	Observations	5838	5838	5838	5838	5838	5838

注：*、**、*** 分别表示在10%、5%以及1%水平上显著异于 0（双尾）。

表 2—14　法律背景独立董事与高管犯罪隐蔽性

变量名称	变量符号	模型（2—1）	模型（2—2）	模型（2—31）	模型（2—32）	模型（2—33）	模型（2—34）
法律背景独立董事比例	Legal_P	-0.149* (-1.821)					
多元化法律背景	Multi_Legal		-0.025 (-1.253)				
律师从业背景独董比例	Lawyer_P			-0.252*** (-2.732)			-0.231** (-2.413)
公检法司背景独董比例	Judicature_P				-0.466*** (-2.693)		-0.379** (-2.144)
法学研究背景独董比例	Professor_P					0.142 (1.141)	0.204 (1.608)
独立董事教育水平	Education	-0.055** (-2.132)	-0.052** (-2.006)	-0.060** (-2.298)	-0.056** (-2.173)	-0.053** (-2.055)	-0.068*** (-2.599)
独立董事性别	Gender	-0.129 (-1.620)	-0.131* (-1.649)	-0.136* (-1.714)	-0.125 (-1.579)	-0.134* (-1.686)	-0.134* (-1.686)
独立董事年龄	Age	-0.635*** (-5.052)	-0.608*** (-4.910)	-0.671*** (-5.304)	-0.608*** (-4.971)	-0.583*** (-4.787)	-0.686*** (-5.423)

续表

变量名称	变量符号	模型 (2—1)	模型 (2—2)	模型 (2—31)	模型 (2—32)	模型 (2—33)	模型 (2—34)
独董兼任个数	Boardlock	-0.020	-0.019	-0.020	-0.022	-0.020	-0.025
		(-0.857)	(-0.838)	(-0.887)	(-0.954)	(-0.879)	(-1.063)
宗教信仰	Religion	-0.142**	-0.141**	-0.146**	-0.134**	-0.134**	-0.136**
		(-2.164)	(-2.147)	(-2.220)	(-2.038)	(-2.037)	(-2.065)
市场化水平	Market	-0.149	-0.145	-0.154	-0.150	-0.138	-0.157
		(-1.085)	(-1.063)	(-1.125)	(-1.104)	(-1.010)	(-1.158)
业务复杂度	Complex	0.013*	0.013*	0.013*	0.014*	0.013*	0.014*
		(1.657)	(1.681)	(1.666)	(1.773)	(1.669)	(1.753)
企业规模	Lnsize	0.164***	0.164***	0.163***	0.163***	0.164***	0.161***
		(9.280)	(9.281)	(9.208)	(9.215)	(9.254)	(9.128)
盈利能力	ROA	-0.562***	-0.565***	-0.557***	-0.565***	-0.569***	-0.557***
		(-3.864)	(-3.883)	(-3.836)	(-3.876)	(-3.912)	(-3.830)
成长能力	Growth	-0.204***	-0.204***	-0.204***	-0.204***	-0.201***	-0.202***
		(-3.709)	(-3.704)	(-3.706)	(-3.706)	(-3.665)	(-3.679)
产权性质	SOE	-0.070**	-0.070**	-0.068**	-0.071**	-0.072**	-0.069**
		(-2.066)	(-2.053)	(-2.013)	(-2.084)	(-2.140)	(-2.029)
企业违规	Violation	0.279***	0.278***	0.277***	0.277***	0.278***	0.276***

续表

变量名称	变量符号	模型（2—1）	模型（2—2）	模型（2—31）	模型（2—32）	模型（2—33）	模型（2—34）
		(7.312)	(7.285)	(7.297)	(7.283)	(7.279)	(7.263)
股权集中度	Zindex	0.000**	0.000**	0.000**	0.000**	0.000**	0.000**
		(2.513)	(2.482)	(2.505)	(2.495)	(2.415)	(2.493)
审计质量	Big4	-0.003	-0.003	0.002	-0.002	-0.005	0.007
		(-0.053)	(-0.063)	(0.046)	(-0.037)	(-0.090)	(0.122)
两职合一	Dual	-0.010	-0.012	-0.012	-0.013	-0.011	-0.014
		(-0.234)	(-0.272)	(-0.265)	(-0.300)	(-0.245)	(-0.308)
上市年限	List_Age	0.013***	0.013***	0.013***	0.013***	0.013***	0.014***
		(2.604)	(2.588)	(2.710)	(2.619)	(2.584)	(2.787)
截距项	Cons	-2.320***	-2.445***	-2.130***	-2.397***	-2.541***	-1.998***
		(-3.842)	(-4.089)	(-3.509)	(-4.050)	(-4.297)	(-3.294)
行业/年份/省份	Industry&Year&Province	Control	Control	Control	Control	Control	Control
调整 R 方	Pseudo R2	0.1354	0.1350	0.1383	0.1344	0.1332	0.1394
卡方值	LR chi2	520.88	519.16	531.92	516.84	512.20	536.17
观测值	Observations	8877	8877	8877	8877	8877	8877

注：*，**，*** 分别表示在 10%、5% 以及 1% 水平上显著异于 0（双尾）。

表2—15　法律背景独立董事与高管犯罪严重性

变量名称	变量符号	模型 (2—1)	模型 (2—2)	模型 (2—31)	模型 (2—32)	模型 (2—33)	模型 (2—34)
法律背景独立董事比例	Legal_P	-2.559***					
		(-2.997)					
多元化法律背景	Multi_Legal		-0.562***				
			(-2.711)				
律师从业背景独董比例	Lawyer_P			-4.287***			-4.251***
				(-4.288)			(-4.105)
公检法司背景独董比例	Judicature_P				-3.947**		-2.154
					(-2.211)		(-1.173)
法学研究背景独董比例	Professor_P					1.097	2.080*
						(0.889)	(1.653)
独立董事教育水平	Education	-0.958***	-0.917***	-1.015***	-0.933***	-0.911***	-1.075***
		(-3.676)	(-3.532)	(-3.890)	(-3.586)	(-3.496)	(-4.095)
独立董事性别	Gender	-1.420*	-1.480*	-1.586*	-1.443*	-1.540*	-1.595*
		(-1.728)	(-1.800)	(-1.923)	(-1.754)	(-1.867)	(-1.931)
独立董事年龄	Age	-8.128***	-7.830***	-8.662***	-7.417***	-7.241***	-8.733***
		(-6.256)	(-6.120)	(-6.608)	(-5.897)	(-5.770)	(-6.665)

续表

变量名称	变量符号	模型（2—1）	模型（2—2）	模型（2—31）	模型（2—32）	模型（2—33）	模型（2—34）
独董兼任个数	Boardlock	0.252	0.260	0.239	0.250	0.267	0.212
		(1.134)	(1.167)	(1.077)	(1.120)	(1.194)	(0.953)
宗教信仰	Religion	-2.426***	-2.412***	-2.482***	-2.290***	-2.306***	-2.376***
		(-3.605)	(-3.576)	(-3.698)	(-3.396)	(-3.423)	(-3.541)
市场化水平	Market	-4.546***	-4.502***	-4.612***	-4.448***	-4.422***	-4.582***
		(-2.638)	(-2.614)	(-2.682)	(-2.594)	(-2.578)	(-2.678)
业务复杂度	Complex	0.343***	0.346***	0.346***	0.348***	0.344***	0.349***
		(4.369)	(4.399)	(4.410)	(4.424)	(4.362)	(4.445)
企业规模	Lnsize	1.707***	1.704***	1.674***	1.685***	1.685***	1.655***
		(9.052)	(9.037)	(8.940)	(8.959)	(8.953)	(8.854)
盈利能力	ROA	-2.646	-2.702*	-2.622	-2.721*	-2.753*	-2.618
		(-1.636)	(-1.672)	(-1.623)	(-1.683)	(-1.701)	(-1.620)
成长能力	Growth	-2.709***	-2.708***	-2.718***	-2.685***	-2.669***	-2.689***
		(-4.308)	(-4.303)	(-4.317)	(-4.272)	(-4.247)	(-4.277)
产权性质	SOE	0.121	0.134	0.141	0.092	0.079	0.123
		(0.336)	(0.374)	(0.394)	(0.255)	(0.220)	(0.345)
企业违规	Violation	2.440***	2.410***	2.416***	2.399***	2.422***	2.384***

续表

变量名称	变量符号	模型 (2—1)	模型 (2—2)	模型 (2—31)	模型 (2—32)	模型 (2—33)	模型 (2—34)
股权集中度	Zindex	0.005***	0.005***	0.005***	0.005***	0.005***	0.005***
		(6.134)	(6.056)	(6.100)	(6.026)	(6.071)	(6.028)
审计质量	Big4	-1.499**	-1.468**	-1.418**	-1.474**	-1.513**	-1.379**
		(2.968)	(2.912)	(2.982)	(2.848)	(2.778)	(2.965)
两职合一	Dual	0.378	0.351	0.346	0.364	0.391	0.337
		(-2.551)	(-2.496)	(-2.421)	(-2.501)	(-2.566)	(-2.352)
上市年限	List_Age	0.091*	0.091*	0.102**	0.087*	0.086*	0.104**
		(0.859)	(0.795)	(0.785)	(0.827)	(0.890)	(0.766)
截距项	Cons	-18.939***	-20.257***	-16.037***	-21.457***	-22.451***	-15.083**
		(1.794)	(1.777)	(1.998)	(1.709)	(1.695)	(2.048)
		(-3.128)	(-3.369)	(-2.642)	(-3.584)	(-3.749)	(-2.485)
行业/年份/省份	Industry&Year&Province	Control	Control	Control	Control	Control	Control
调整 R 方	Pseudo R2	0.1354	0.1350	0.1383	0.1344	0.1332	0.1394
卡方值	LR chi2	520.88	519.16	531.92	516.84	512.20	536.17
观测值	Observations	8877	8877	8877	8877	8877	8877

注：*、**、***分别表示在10%、5%以及1%水平上显著异于0（双尾）。

· 61 ·

第三节　本章小结

在西方法律文化中，正义女神忒弥斯是法律的象征。从中世纪始，这位手持天平与利剑，蒙着眼睛的女神，就栖息在城市法院的屋檐之上，居高临下，支撑着西方文明对于法律的信仰。天平，象征着衡量与公平；利剑，代表着法律的力量和裁决；蒙起双眼，象征着裁判时不受任何外界干扰，以保证绝对的公正无私。独立董事制度起源于西方，法律背景的独立董事作为客观独立的第三方，利用自身的专业知识对履职公司进行评判与衡量，最终做出相应的决策与治理。那么，法律背景的独立董事是否也能像正义女神一样，维持履职公司的健康运转呢？

本章首先从法律背景的类型、籍贯、工作地点、教育水平、第一学历、年龄和监督距离等维度对法律背景独立董事的个人特征进行了描述。从法律背景类型来看，律师事务所从业人员（52.91%）、法学研究人员（27.05%）和公检法司退休人员（20.03%）是上市公司选聘法律背景独立董事的三大来源。进一步细化律师从业背景独立董事的任职单位后发现，上海锦天城律师事务所、君合律师事务所、国浩律师集团事务所、河南世纪通律师事务所和浙江天册律师事务所是上市公司聘请律师从业背景独立董事的前五大律所。进一步细化法学研究背景独立董事的任职单位后发现，华东政法大学、中国人民大学、北京大学、中国政法大学、清华大学等是上市公司聘请法学研究背景独立董事的前五大高校。

从籍贯来看，法律背景独立董事的出生地主要集中在经济或教育发展水平较高的地区。其中，占人数最多的前六大地区分别为浙江（9.97%）、上海（8.60%）、山东（8.55%）、安徽（7.89%）、湖南（5.87%）和江苏（5.87%）。从工作地点来看，法律背景独立董事的工作地点主要集中在经济发达地区。其中，人数最多的前五大地区分别为北京（30.68%）、上海（13.93%）、广东（10.39%）、浙江（4.53%）和江苏（4.14%）。同时，也有部分上市公司聘请来自港澳台或海外法律背景人士担任独立董事。从教育水平来看，有23人次（0.26%）法律背景独立董事的学历为大专以下；有66.51%的法律背景独立董事具有硕士研究生及以上学历，有1812人次（20.65%）的法律背景独立董事具有博士研究生学历。这说明我国A股主板市场法律背景的独立董事普遍接受过较高水平的教育，学习能力较强。

从第一学历来看，法律背景独立董事的第一学历主要集中在法律学科优势较为明显的政法类院校中。其中，第一学历来自西南政法大学、华东政法大学、北京大学、中国政法大学、中国人民大学和中南财经政法大学的法律背景独立董事人次最多，累计拥有独立董事席位数2989个。从年龄来看，法律背景独立董事的年龄主要集中在40周岁至59周岁，占所有法律背景独立董事的47.55%。从监督距离来看，任职单位与上市公司距离在10公里以内的法律背景独立董事约占25%；有超过40%的法律背景独立董事与任职公司的距离在30公里以内。然而，仍然有超过20%的法律背景独立董事与任职公司之间的距离超过了1000公里，且这一距离随着时间推移呈现逐年增加的趋势。

在对法律背景独立董事个体特征进行了详细描述后，本章接着对法律背景独立董事的治理效应进行了探讨。依据我国2002—2009年A股上市公司的样本，本章考察了独立董事的法律背景在保护中小投资者利益，抑制上市公司高管犯罪方面发挥的作用。研究发现：（1）法律背景独董能够起到抑制上市公司高管职务犯罪的作用；上市公司独立董事的法律背景越多元化、实务经验越丰富，高管职务犯罪的概率就越低。（2）较低的高管职务犯罪概率，一方面取决于法律背景独董在任职前自主选择了低风险公司（信号传递作用）；另一方面，律师事务所背景的独董在任职过程中也发挥了积极的监督作用。（3）研究进一步表明，法律背景独董对高管职务犯罪的抑制效果还取决于犯罪的类型以及犯罪行为本身的隐蔽性和严重性。

本章研究响应当下国家打击腐败犯罪的决心与力度，研究得出的结论对监管部门、公司管理层和资本市场参与者均具有重要的实践指导意义。首先，由于我国特殊的治理环境，自独立董事制度引入以来，关于独立董事的争议就一直不绝于耳。其中质疑最多的为独立董事的来源问题。为了进一步规范证券市场的运作，我国监管部门也在紧锣密鼓地出台相应的监管政策。自 2008 年以来，监管部门先后对"学校党政领导班子成员""证券分析师""党政领导干部"等群体担任独立董事的行为进行了整顿和限制。2013 年 10 月，中央组织部限期对党政领导干部违规在企业兼职（任职）的现象进行整顿的举措①，更是直接导致很多公司面临寻求新独立董事候选人的问题。本章的研究结论首先表明，监管部门应该在杜绝官员独立董事滥用职权的同时，充分发挥其专业优势。其次，本章的研究为公司管理层选聘独立董事提供了依据。上市公司可以根据实际的需求，聘请适当人员担任独立董事，从而优化公司的治理结构。最后，本章研究也为资本市场参与者识别企业风险、优化投资组合提供了借鉴。其中需要指出的是，由于我国普遍存在选择性执法和用行政处罚代替刑事处罚的现象；同时，由于存在"犯罪黑数"②；加上，我们并不能识别发生高管犯罪却没有被

---

① 截至 2014 年 7 月，全国共清理党政领导干部在企业兼职 40700 多人次，其中省部级干部 229 人次。

② 犯罪黑数，又称犯罪暗数、刑事隐案，指实际已经发生但由于种种原因尚未纳入警方记载的犯罪数量。

判刑的上市公司。因此，本章以高管犯罪为视角的研究很可能低估了法律专业背景在独立董事履行监督职能、预防企业风险中实际发挥的作用。在接下来的研究中，我们可以进一步细化法律背景的不同学科领域以及独立董事离职、出席会议情况、独立董事意见等行为特征。

本章部分内容发表于英文期刊《*China Journal of Accounting Studies*》。具体信息如下：Quan Yi, Li Sihai, Liang Shangkun. Chasing Political Resources by Listed Companies: A Perspective on Hiring Non-local Independent Directors from Beijing, *China Journal of Accounting Studies*, 5（3），361 – 378，2017.

第三章

独立董事的地域特征研究

　　源于 20 世纪 30 年代的独立董事制度旨在防止出现控股股东及管理层的利益侵占行为，来维护公司的整体利益，因此监督成为独立董事制度设计的初衷。而在转轨经济背景下的中国，独立董事作为强制性的制度变迁引入，其功能越来越显示出异化。王兵（2007）、叶康涛等（2011）、刘春等（2015）指出，在"差序格局"的社会特征和奉行"和为贵"的中庸思想下，独立董事的监督功能被严重削弱。同时，独立董事却正以其所拥有的社会资本和以此为基础的咨询功能逐渐被企业认可和倚重（刘春等，2015）。在我国现阶段，政府（官员）掌握着重要资源的配置权，同时也掌握着较大的自由裁量权。如对 IPO、SEO 的审批权，土地使用的分配权，银行贷款的发放权，等等。政府（官员）对企业发展所需资源的控制催生了我国上市公司在聘请独立董事时，对退休政府官员、金融监管人员、行业协会领导的热衷，并为此不惜奔赴于千里之外。

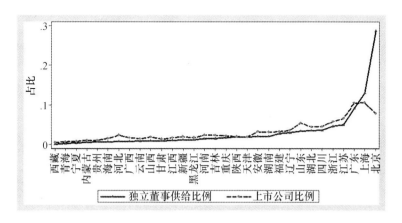

图3—1 各省份独立董事供给与上市公司分布情况

北京作为我国政治文化中心及经济金融的决策和管理中心，是政治资源最为集中的地方，是名副其实的权力中心。图3—1反映了我国A股主板市场2002年至2013年各地区独立董事的供给与上市公司分布情况的对比图。与之一致，我们可以发现北京是上市公司选聘独立董事最重要的地区，来自北京的独立董事人数占独立董事总人数的28.12%。而北京的上市公司仅占所有上市公司的7.68%。这一对比数据表明，北京除了为当地上市公司提供了大量独立董事（81.06%）外，也成为其他地区上市公司选聘独立董事的重要区域。表3—1进一步反映了所有异地独立董事①的地区分布情况，数据显示，上市公司的异地独立董事中来自北京的所占比例高达37.97%，远远超过其他地区。此外，我国A股上市公司中的

---

① 若独立董事全职工作城市与上市公司总部所在城市（精确到地级市）不同，则定义为异地独立董事。

异地独立董事不仅来自我国的 31 个省（直辖市），同样也大量来自中国香港、台湾地区、美国、英国、新加坡等 14 个境外地区。

表 3—1　　　　　　　上市公司的异地独立董事各地区分布情况

地区	占比	地区	占比	地区	占比
北京	37.97%	陕西	1.55%	青海	0.20%
上海	8.90%	吉林	1.12%	美国	0.16%
广东	7.93%	新疆	0.87%	英国	0.14%
浙江	4.59%	广西	0.76%	新加坡	0.14%
四川	3.57%	重庆	0.76%	中国台湾	0.11%
江苏	3.45%	江西	0.75%	马来西亚	0.04%
山东	3.42%	山西	0.71%	西藏	0.04%
湖北	3.14%	黑龙江	0.65%	意大利	0.02%
中国香港	3.08%	甘肃	0.64%	瑞士	0.02%
辽宁	2.41%	云南	0.64%	澳大利亚	0.02%
福建	2.19%	海南	0.61%	新西兰	0.02%
湖南	1.89%	贵州	0.60%	韩国	0.02%
安徽	1.87%	内蒙古	0.55%	澳门	0.02%
河南	1.77%	河北	0.51%	泰国	0.01%
天津	1.76%	宁夏	0.32%	荷兰	0.01%

首都优势使北京独立董事在资源分配以及宏观政策的信息把握方面均占有一定的优势。介于北京独立董事在整个独立董事群体中的特殊地位，厘清这一特殊群体的聘请机制将有助于我们更好地理解我国当前上市公司的独立董事履职行为。本章以沪、深两市 2002 年至 2013 年 A 股主板上市公司为样本，对异地上市公司聘请北京独立董事的行为进行了深入探讨。研究发现：（1）出于获取政治资源的动机[①]，总部与北京距离较远以及总部所在地制度环境较差的

---

① 本章论及的政治资源，并非仅指对政治资源的所有权或支配权，独立董事对政策信息或政策制度更透彻的解读能力同样归为政治资源范畴。

上市公司更倾向于聘请北京异地独立董事；（2）与北京当地上市公司相比较，异地上市公司聘请的北京独立董事中任职于政府部门的比例显著更大；（3）聘请北京独立董事的确有助于异地上市公司的政治资源获取，这具体表现在企业股权再融资、进入高壁垒行业以及降低企业违规处罚风险方面。与此同时，北京异地独立董事也获取了更高的薪酬。

本章研究的贡献在于：第一，从异地上市公司聘请北京独立董事的动机和经济后果的视角，进一步厘清了独立董事聘任决策与其职能发挥之间的内在机理，这对于从上游认识异地独立董事治理效应具有启发意义。第二，通过对比经济中心上海的数据、排除弱化监督的检验以及考量北京异地独立董事的薪酬，从资源支持角度进一步深化了对异地独立董事聘请动机的理解。这反映了转轨经济背景下，作为强制性制度变迁引入的独立董事制度在中国发生的可能异化，对于我国公司治理机制的完善具有重要的实践意义。第三，本章仅针对北京异地独立董事的研究，不仅使不同地区之间更可比，同时也为考察独立董事的资源依赖职能提供了更干净的实验场地。第四，从制度环境、行业竞争等宏观层面为董事会结构的决定因素提供了新的证据。

第一节 制度背景与文献回顾

一 制度背景

为了进一步完善上市公司治理结构，促进上市公司规范运作，2001 年 8 月 16 日，中国证券监督管理委员会发布了《关于在上市公司建立独立董事制度的指导意见》（以下简称《指导意见》）。《指导意见》规定：各境内上市公司应当按照本指导意见的要求修改公司章程，聘任适当人员担任独立董事，其中至少包括一名会计专业人士。这是《指导意见》对上市公司独立董事专业背景的要求，《指导意见》并未对独立董事的归属地做出限制。也就是说，上市公司可以根据实际需求，在全球范围内自主地选择独立董事。图3—2展示了我国A股主板市场2002年至2013年异地上市公司中北京独立董事的年度分布情况。从人数来看，各年间异地上市公司中北京独立董事的平均人数介于0.6人与0.94人之间，平均约为0.79人；并且随着时间的推移，平均人数大致呈现出逐年增加的趋势。从占比来看，各年间异地上市公司中北京独立董事的平均比例介于21%与26%之间，平均约占23.04%。在2007年之前，异地北京独立董事的平均占比逐年下降，随后则逐年上升。出现这一波动的原因可能是由于随着独立董事制度的实施，上市公司聘请的独立董事总人数呈增加趋势。

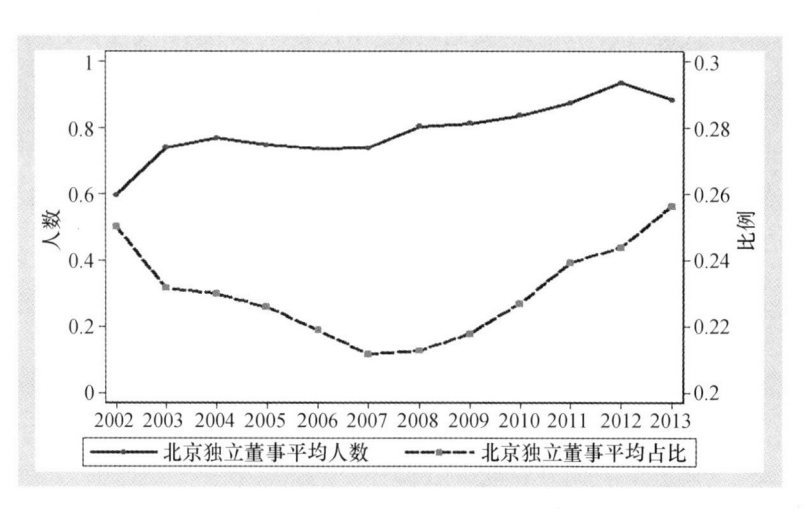

图3—2　异地上市公司中北京独立董事的年度分布情况

　　图3—3则进一步刻画了各地上市公司中北京独立董事的聘请情况，颜色越深说明当地上市公司中北京独立董事所占比重越大。从颜色分布可以看出，聘请北京独立董事较多的省份更多地集中在

北京周边地区，如河北、内蒙古、山西等省份，这体现了资源占有的"近水楼台"；同时可以发现离北京空间距离远的西藏、云南、贵州、海南等地区同样聘请了更多的北京独立董事，这"近""远"的数据结果可能正好反映了企业对政治资源追逐的动机。

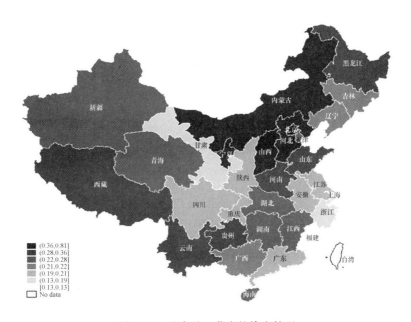

图3—3　北京独立董事的输出情况

二　文献回顾

有关独立董事的现有研究可谓累计颇丰，然而详细考察异地独立董事的文献并不多见。孙亮和刘春（2014）从监督和咨询两大职能出发，分析了我国上市公司中广泛存在的异地独董行为。作者认为，异地独董的存在属于公司主动弱化监督和强化咨询的产物，并且认为民营企业因强化咨询而聘请异地独董的需求更大，而居于市场化程度较高地区的公司因弱化监督而聘请异地独董的动机则更强。刘春等（2015）更进一步研究发现，当主并公司拥有来自目标公司所在地的异地独董时，异地并购效率显著更高，且目标公司所处地区的地方保护主义程度越严重，异地独董对异地并购效率的提升作用越明显，但该效应只在主并公司为民企的情况下才存在。这从而为异地独董的咨询职能提供了并购层面的佐证。

根据 Johnson 等（1996）的研究框架，除监督职能和咨询职能以外，董事会的职能还包括资源依赖。资源依赖（Resource-dependence）职能将董事视为管理层获得关键资源的便捷通道。作者认为独立董事在其行业内的影响，能够为公司的成功经营提供重要的资源支持（Pfeffer，1972；Zahra 和 Pearce，1989）。如具有金融背景的独立董事可以为公司提供低成本的融资资源（Johnson 等，1996）；具有政治关联背景的外部董事可以帮助公司游说政策部门，提高获取相关利益的能力（Agrawal 和 Knoeber，2001）；具有商业银行背景的独立董事可以显著增加公司的债务总额（Booth 和 Deli，1999；Güner 等，2008；刘浩等，2012）；聘请分析师担任独立董事的上市公司可以获得更多的股权再融资机会（全怡等，2014）；投资银行家加入董事会，公司则会发行更多的债券（Güner 等，2008）。

本章研究与孙亮和刘春（2014）以及刘春等（2015）研究的差异之处在于：首先，以上研究的考察对象为所有异地独立董事，而本章考察对象仅包含异地独立董事中工作地点在北京的群体，即北京异地独立董事。虽然北京异地独立董事的范畴更小，但却使不同地区之间更可比，同时也为考察独立董事的资源依赖职能提供了更干净的实验场地。其次，针对我国上市公司在聘请独立董事时，对退休政府官员、金融监管人员以及行业协会领导的热衷，同时结合北京特殊的政治权力地位，我们认为资源依赖职能可能比监督职能或咨询职能可以更好地诠释北京异地独立董事现象。当然，排除弱化监督职能和强化咨询职能的动机也是本章面临的最大挑战。

第二节　理论分析与假设提出

一　谁在追逐北京独董？

（一）政治资源追逐的地理区域视角

地理距离是上市公司在进行独立董事聘任决策时需要考虑的最直观的因素。针对不同的职能，上市公司对独立董事的地理偏好也不同。从监督职能来看，严重的信息不对称会阻碍董事会成员监督职能的发挥（延森，1993），而地理距离是合理衡量信息获取成本的代理变量（科沃尔和默斯科唯茨，2001）。出于弱化监督职能的考虑，上市公司会倾向于聘请距离较远的异地独立董事（孙亮和刘春，2014）。从咨询职能来看，异地独董能够利用其在当地的社会关系网缓解任职公司的异地经营难度（孙亮和刘春，2014），提高异地并购效率（刘春等，2015）。出于强化咨询职能的考虑，上市公司会倾向于聘请经营分部所在地或并购目标所在地的异地独立董事。从资源支持职能来看，由于地理位置上的劣势，距离北京较远的上市公司更难与这一权力中心建立联系。为了更好地争取北京的稀缺资源，距离较远的上市公司将有更强的动机聘请北京独立董事，从而与政治中心维持一定的联系，来对自身形成支持或者保护。因此，出于获取政治资源的考虑，与北京距离较远的上市公司将有更强的动机聘请北京独立董事。基于以上分析，提出本章假设一的第一个分假设：

H3 - 1a：地理距离会影响异地上市公司对北京独立董事的聘请行为，当上市公司总部所在地与北京之间的地理距离较远时，异地上市公司聘请北京独立董事的动机较强。

(二) 政治资源追逐的区域环境视角

地区经济发展的不平衡是中国面临的现实困境。20 世纪 70 年代以来，虽然中国开始的市场化改革取得巨大成功，但中国各地区的经济发展水平与法制化水平并不平衡，市场化进程差异明显，这导致我国在制度环境方面存在着地区上的差异（樊纲等，2011）。制度环境地区上的差异会影响政府部门对资源的控制，制度环境越差的地区，行政力量在资源配置中的作用越强，企业对政府越具有更强的资源依赖。同时从法制水平来分析，制度环境越差的地区，政府（部门）行为的规范性越弱，执法的随意性和任意性使政府部门对企业的干预能力更强，这使企业经营面临着执法风险。在缺乏有力的法制保障的情况下，企业迫切需要追求替代性保护机制。在权力森严的等级下，权力的上一层次对下一层次具有绝对的权威。这种权力的等级威严使企业有强烈动机追求上一层次权力的保护。而北京作为政治中心，从权力的属性来看位居金字塔顶端，这对于追求替代性资源获取与保护机制的企业而言，它们对来自权力中心的政治资源更为渴求。据此提出本章假设一的第二个分假设：

H3 - 1b：异地上市公司所在省份的制度环境越差，聘请北京独立董事的动机越强。

二 追逐了什么样的北京独董？

在中国转轨经济制度背景下，由于市场机制的不健全，政府部门（官员）对企业发展所需资源具有很强的自由裁决分配权，企业在价格机制下不能获取的稀缺资源，开始被谋求替代性的资源获取机制代替。在中国"差序格局"的"关系"文化下，与对资源配置拥有自由裁决权的政府（官员）建立密切的关系无疑会成为重要的受益者。前期文献对独立董事的研究发现，独立董事在一定程度上成为企业获得关键资源的便捷通道（Pfeffer，1972；Zahra 和 Pearce，1989），支持了独立董事的资源依赖职能。作为中央集权的政治体制，我国政治资源在地区分布上呈现出不平衡的状态，而事关国家大政方针的决定权高度集中在北京。首都北京作为政治资源中心，在权力金字塔顶尖威权下的资源往往具有垄断性。如何与北京相关政府部门建立一定的联系成为企业重要的政治战略，而作为上市公司治理重要组成部分的独立董事，由于来源的外部性成为企业建立政治联系的重要支撑，由此形成企业社会网络中的结构洞。特别是聘请那些来自北京相关政府部门的独董，他们有助于企业跨越政企网络缺口，形成政企纽带效应。而相比于京内的企业，北京之外的企业由于地理位置上的劣势，其对权力中心的政治关系建立更为渴求，有更强的动机通过来自外部独立董事的选聘弥合与权力中心政企网络的缺口。基于此本章提出第二个假设：

H3－2：相比较北京上市公司聘请的北京独立董事，异地上市公司聘请的北京独立董事中任职于政府部门的比例显著更大。

三　北京独董带来了什么？

随着中国市场经济的发展，市场与价格机制在资源配置中的作用越来越明显，但是与发达市场经济国家相比，政府（官员）对经济的运行以及资源的配置仍然具有很强的影响。这突出表现在融资的配给、行业的准入、土地等稀缺资源的审批方面，等等。中国的社会正如费孝通（1985）所说的"差序格局"，不像西方社会以普遍性原则对待所有人，会选择以不同的方式对待与自身关系存在亲疏远近的人①。众多的研究文献发现，与政府（官员）有密切联系的企业获得了政府管制下的更多稀缺资源。我们上面的理论分析认为，异地上市公司聘请北京独立董事更倾向于选择有政府部门工作经验的独董，因为他们有助于企业弥合政企网络的缺口，帮助企业建立政治联系。

从地理位置以及权力的层级来看，来自首都的独董对企业与中央政府（部门）网络关系的构建具有重要的作用，而在中国当前中央集权的政治体制下，中央政府部门的权力职责往往存在于宏观以及重要的社会经济管理中，与微观企业直接关联的职责存在于企业资本市场再融资的审批、全国范围内企业行为的监管，同时还体现在垄断或管制行业准入资格的审批。尽管近年来国家出台了不少鼓励行业自由进入的制度规定，但"政府之手"依然是企业对行业壁垒突破的关键因素（罗党论和赵聪，2013）。而这些垄断性、管制行业的准入审批决策权往往集中在中央最高层级的权力部门，位于北京之外的上市公司希望进入这些管制性行业需要频繁进入北京，来获取相应政府官员的支持以及了解政策的最新动态。而处于政治中心的北京独立董事由于地理位置的便利、获取政策信息的优势以及自身的人脉等社会资源，更容易接触掌握审批决策权的政府官员以及观察相应政策调整所带来的机会与空间，从而有助于企业更好地突破行业管制、进入垄断性以及国家重点支持的行业，并且在进入管制性行业后持续性地获得政策的支持与保护。基于以上分析，提出本章的第三个假设：

H3－3：异地上市公司中北京独立董事有助于企业股权再融资、进入高壁垒行业以及降低企业违规处罚风险。

---

① 费孝通：《乡土中国》，生活·读书·新知三联书店 1985 年版。

第三节　研究设计

一　研究样本与数据来源

本章以证监会强制要求上市公司聘请独立董事的首年即 2002 年作为样本起点，并取 2013 年作为样本终点。本章使用的独立董事个人信息和地址数据是通过"百度"手工搜集整理得到的。其他数据均来自国泰安 CSMAR 数据库，部分缺失数据是由作者根据年报补充得到的。研究假设 H3 - 1 和 H3 - 3 的样本为剔除总部位于北京的上市公司样本、剔除金融保险类的样本以及数据缺失样本后的 13237 个公司年观测值；研究假设 H3 - 2 的样本为 15276 名全职工作地点在北京的独立董事。为避免极端值影响，我们对所有连续变量上下两侧各 1% 的观测值进行了 Winsorize 处理。本章数据处理使用 STATA 计量分析软件进行。

二　模型设定与变量定义

对于研究假设 H3 - 1 和 H3 - 3，我们通过构建回归模型（3—1）和模型（3—2）进行检验。为了减轻内生性问题，我们对所有解释变量进行了滞后一期处理。如果假设 H3 - 1 成立，则模型（3—1）中 b_1 系数显著为正，b_2 系数显著为负。如果假设 H3 - 3 成立，则当股权再融资（*SEO*）和行业壁垒（*Protection*）为被解释变量时，b_1 系数显著为正；当企业违规（*Violation*）为被解释变量时，b_1 系数显著为负。对于研究假设 H3 - 2，我们通过分组进行单变量检验。

$$Indirector\_\ bj_t = b_0 + b_1 \times Far\_\ bj_{t-1} + b_2 \times Market_{t-1} +$$
$$b \sum Control_{t-1} + e \qquad\qquad (3\text{—}1)$$

$$SEO_t / Protection_t / Violation_t = b_0 + b_1 \times Indirector\_bj_{t-1} +$$
$$b \sum Control_{t-1} + e \qquad (3—2)$$

模型涉及的主要变量定义如下：

（一）被解释变量

1. 北京异地独立董事（$Indirector\_bj$）。本章衡量北京异地独立董事的主要指标为北京异地独立董事占所有独立董事的比例（$Indirector\_bj\_P$）。为了确保研究结论更为稳健，我们同样从北京异地独立董事数量（$Indirector\_bj\_N$）和北京异地独立董事哑变量（$Indirector\_bj\_D$）两个维度进行了补充检验。

2. 股权再融资（SEO）。如果公司当年出现增发、配股行为，则取值为1，否则取值为0。

3. 行业壁垒（$Protection$）。参照余明桂和潘洪波（2008）的相关研究，当上市公司处于电力、电信、石油、开采、农业、土木工程建筑业时，$Protection$ 取值为1，否则取值为0。

4. 企业违规（$Violation$）。国泰安 CSMAR 数据库提供了上市公司的各种违规数据，既包括处罚主体为中央相关部门的违规，如证监会、财政部等，也包括处罚主体为地方相关部门的违规，如交易所、各地证监局等①。考虑到北京独立董事更可能作用于当地部门，且处罚主体为中央的违规行为更严重的情况，本章的考察数据仅包括前者。具体度量方法为：如果上市公司当年被中央相关部门处罚，则取值为1，否则取值为0。

（二）考察变量

1. 远距离（Far_bj）异地公司哑变量。根据上市公司总部与

---

① 前者的处罚方式主要为罚款（66.99%）、警告（7.84%）、批评（13.73%）和其他（11.44%）；后者的处罚方式主要为罚款（3.68%）、警告（0.25%）、谴责（18.19%）、批评（25.73%）和其他（52.15%）。其中，"罚款"和"警告"属于行政处罚，"谴责""批评"和"其他"为自律监管措施或纪律处分，属于非行政处罚。

北京市政府间的距离远近将总样本划分为五等份①，当上市公司总部与北京市政府间的距离落入最远的一等份时，*Far_ bj* 取值为 1，否则取值为 0。

2. 制度环境（*Market*）。本章使用樊纲等（2011）、王小鲁等（2017）各省区市场化指数总体评分来衡量上市公司总部所在地区的制度环境。具体来说，如果上市公司所在省份的市场化总体评分大于当年所有上市公司得分的中值，则 *Market* 取值为 1，否则取值为 0。按照以上定义方法，*Market* 取值为 1 的组为制度环境相对好组，*Market* 取值为 0 的组为制度环境相对差组。

（三）控制变量

Control 包含了由一系列控制变量组成的向量。参照孙亮和刘春（2014）等的相关研究，具体包括：近距离异地公司（*Near_ bj*）、北京业务（*Revenue_ bj*）、独立董事教育水平（*Education*）、公司业务复杂度（*Complex*）、行业竞争度（*Competition*）、公司规模（*Lnsize*）、财务杠杆（*Lev*）、盈利能力（*ROA*）、成长能力（*Growth*）、产权性质（*SOE*）、高管持股（*Mshare*）、机构持股（*Institude*）、两职合一（*Dual*）、独立董事比例（*Rindirector*）、审计质量（*Big*4）、股权集中度（*Zindex*）、公司年限（*List_ Age*）、行业（*Industry*）和年份（*Year*）等。具体变量的定义方法参见表 3—2。

表 3—2　　　　　　　　　　　　主要变量的定义和说明

符号	变量说明
被解释变量	
Indirector_ bj	北京异地独立董事：使用比例、人数和哑变量三种方式来度量

---

① 之所以将全样本划分为五等份，是因为随着划分等份数的减小，近距离异地公司哑变量（*Near_ bj*）与远距离异地公司哑变量（*Far_ bj*）的相关性骤增。

续表

符号	变量说明
SEO	股权再融资：如果公司当年出现增发、配股行为，则取值为1，否则取值为0
Protection	行业壁垒：若上市公司处于高壁垒行业，则取值为1，否则取值为0
Violation	企业违规：如果上市公司当年被中央相关部门处罚，则取值为1，否则取值为0
考察变量	
Far_ bj	远距离异地公司：若上市公司与北京的距离较远，则取值为1，否则取值为0
Market	制度环境：若所在省份市场化水平高于当年中值则取值为1，否则取值为0
控制变量	
Near_ bj	近距离异地公司：若上市公司与北京的距离较近，则取值为1，否则取值为0
Revenue_ bj	北京业务：异地上市公司在北京地区的营业收入占营业收入总额的比重
Education	独董教育水平：首先对每个独立董事教育水平进行赋值：博士为5，硕士为4，本科为3，大专为2，其他为1；然后取所有独立董事教育水平均值
Complex	业务复杂度：取上市公司涉及行业的个数
Competition	行业竞争度：营业收入最高的前三大公司占所在行业总收入比例的平方和
Lnsize	公司规模：公司年末总资产的自然对数
Lev	财务杠杆：取期末总负债与总资产的比值
ROA	盈利能力：总资产报酬率 = 净利润/期末总资产
Growth	成长能力：取期末总资产与期初总资产之差与期初总资产之比
SOE	产权性质：国有企业时，*SOE* 取值为1，否则取值为0
Mshare	高管持股：取管理层持股比例
Institude	机构持股：机构投资者持股所占比例
Dual	两职合一哑变量：董事长和总经理两职合一则取值为1，否则取值为0
Rindirector	独董比例：独立董事总人数与董事会总人数之比
Big4	审计质量：若公司当年聘请四大会计师事务所，则取值为1，否则取值为0

符号	变量说明
Zindex	股权集中度：取第一大股东与第二大股东持股比例的比值
List_ Age	公司年限：取公司上市年限的自然对数
Industry	行业虚拟变量：CSRC2012 标准
Year	年份虚拟变量

第四节　实证结果分析

一　变量描述性统计

表 3—3Panel A 至 C 报告了所有变量的描述性统计结果。被解释变量的描述性统计结果显示：在样本期内，接近一半（49.1%）的异地上市公司至少聘请了一名北京独立董事，异地上市公司聘请北京独立董事所占的比例约为 22.3%，人数约为 0.777 人。约 7.2% 的非北京上市公司存在增发、配股行为，10.8% 属于高壁垒行业，1.8% 被中央部门处罚。控制变量的描述性统计结果显示：在样本期内，异地上市公司在北京的平均业务份额为 1.2%，最高达 95.5%。独立董事的平均教育水平介于本科与硕士之间。上市公司涉及行业平均数约为 3.88 个，最高达 9 个。上市公司的财务杠杆水平差异较大，平均为 0.554，最小为 0.081，最大为 2.564。超过 75% 的上市公司会计业绩为正。超过 50% 的上市公司成长机会为正。有 67.6% 的上市公司为国有企业。上市公司管理层持股比例较低，平均为 0.6%。机构持股比例平均为 16.4%。有 12.6% 的上市公司董事长和总经理由一人担任。上市公司中独立董事所占比例平均约为 36.1%，最高达 71.4%。有 5.8% 的上市公司聘请了四大会计师事务所。上市公司股权集中度普遍较高，约 50% 的上市公司第一大股东持股比例是第二大股东持股比例的 6 倍，且最高达 330.8 倍。上

市公司的平均上市年限为 8.8 年,最短不满 1 年,最长达 21 年。

表 3—3 变量描述性统计

	观测数	均值	标准差	最小值	P25	中值	P75	最大值
Panel A:被解释变量								
Indirector_ bj_ P	13237	0.223	0.275	0	0	0	0.333	1
Indirector_ bj_ N	13237	0.777	0.975	0	0	0	1	6
Indirector_ bj_ D	13237	0.491	0.500	0	0	0	1	1
SEO	13237	0.072	0.258	0	0	0	0	1
Protection	13237	0.108	0.311	0	0	0	0	1
Violation	13237	0.018	0.135	0	0	0	0	1
Panel B:考察变量								
*Far_ bj*①	13237	0.201	0.401	0	0	0	0	1
Market	13237	0.487	0.500	0	0	0	1	1
Panel C:控制变量								
Near_ bj	13237	0.197	0.398	0	0	0	0	1
Revenue_ bj	13237	0.012	0.083	0	0	0	0	0.955
Education	13237	3.823	0.629	1	3.333	4	4.333	5
Complex	13237	3.880	1.787	1	2.500	3.778	5	9.000
Competition	13237	0.060	0.109	0.004	0.011	0.018	0.056	0.627
Lnsize	13237	21.51	1.225	18.54	20.71	21.43	22.22	25.50
Lev	13237	0.554	0.321	0.081	0.383	0.527	0.661	2.564
ROA	13237	0.020	0.087	−0.476	0.008	0.028	0.053	0.220
Growth	13237	0.129	0.275	−0.485	−0.013	0.082	0.212	1.464
SOE	13237	0.676	0.468	0	0	1	1	1
Mshare	13237	0.006	0.039	0	0	0	0	0.338
Institude	13237	0.164	0.184	0	0.019	0.086	0.260	0.739
Dual	13237	0.126	0.332	0	0	0	0	1
Rindirector	13237	0.361	0.090	0.143	0.333	0.333	0.385	0.714
Big4	13237	0.058	0.234	0	0	0	0	1
Zindex	13237	24.25	51.14	1.016	1.969	5.854	20.92	330.8
List_ Age	13237	2.177	0.605	0	1.946	2.303	2.565	3.045

① 异地上市公司与北京的最小距离为 33.45 公里,均值为 1183.77 公里,最大距离为 2541.17 公里。

二 单变量检验

表3—4报告了五个考察变量的单变量检验结果。可以看出，距离北京较远的异地上市公司聘请北京独立董事的概率显著更大，聘请北京独立董事的异地上市公司所在地区的制度环境显著差于未聘请北京独立董事的异地上市公司，聘请北京独立董事的异地上市公司也更可能进行股权再融资、更可能进入高壁垒行业、更可能不受到中央部门的处罚。单变量的检验结果初步证实了本章研究假设H3－1和H3－3。

表3—4　　　　　　　　　北京异地独立董事的单变量检验

变量	Indirector_ bj_ D = 1			Indirector_ bj_ D = 0			均值 T 检验	中值 Z 检验
	观测数	均值	中值	观测数	均值	中值		
Far_ bj	6504	0.214	0	6733	0188	0	3.712 ***	3.710 ***
Market	6504	0.440	0	6733	0.532	1	－ 10.31 ***	－ 10.27 ***
SEO	6504	0.082	0	6733	0.062	0	4.560 ***	4.556 ***
Protection	6504	0.127	0	6733	0.090	0	6.942 ***	6.929 ***
Violation	6504	0.015	0	6733	0.022	0	－ 3.126 ***	－ 3.124 ***

注：＊、＊＊、＊＊＊分别表示在10%、5%以及1%水平上显著异于0（双尾）。

三 相关系数检验

表3—5报告了主要变量间的 Pearson 相关性系数矩阵[①]。相关系数矩阵显示，北京异地独立董事比例（Indirector_ bj_ P）与远距离异地公司（Far_ bj）之间的相关系数为正，且在10%的水平上显著；北京异地独立董事比例与制度环境（Market）之间的相关系

[①] 考虑到本章考察变量的度量方法较为多元化，我们以北京异地独立董事比例（Indirector_ bj_ P）为例，报告变量间的相关系数矩阵。其他考察变量与控制变量间的相关系数与表3—5大体一致。

表 3—5   相关系数矩阵

	1	2	3	4	5	6	7	8	9	10	11	12	13	14	15	16	17	18
1 Indirector_ bj_ P	1																	
2 Far_ bj	0.014a	1																
3 Market	-0.114c	0.077c	1															
4 SEO	0.044c	0.014	-0.027c	1														
5 Protection	0.065c	0.006	-0.117c	0.027c	1													
6 Violation	-0.021b	0.008	-0.001	-0.010	-0.006	1												
7 Near_ bj	0.164c	-0.248c	0.004	0.002	0.076c	-0.013	1											
8 Revenue_ bj	0.119c	-0.023c	0.009	-0.017a	0.021b	-0.003	-0.003	1										
9 Education	0.080c	0.007	0.031c	0.015a	0.042c	-0.011	-0.029c	-0.011	1									
10 Complex	-0.027c	0.014	0.123c	0.018b	0.028c	-0.022c	-0.049c	0.073c	0.073c	1								
11 Lnsize	0.119c	-0.013	0.082c	0.071c	0.137c	-0.065c	-0.006	0.090c	0.094c	0.196c	1							
12 Lev	-0.013	0.020b	-0.018b	0.039c	-0.024c	0.103c	0.004	-0.011	-0.022b	-0.045c	-0.105c	1						
13 ROA	0.034c	-0.005	0.059c	0.065c	0.044c	-0.089c	0.004	0.010	0.073c	0.071c	0.243c	-0.440c	1					
14 Growth	0.067c	0.001	-0.002	0.054c	0.041c	-0.059c	0.012	0.023c	0.055c	0.024c	0.229c	-0.118c	0.325c	1				
15 SOE	0.024c	-0.046c	-0.037c	-0.007	0.113c	-0.055c	0.080c	-0.075c	0.041c	0.058c	0.234c	-0.098c	0.044c	0.011	1			
16 Mshare	0.001	-0.008	0.075c	0.009	-0.005	-0.001	-0.040c	-0.018b	0.025c	-0.042c	0.002	-0.045c	0.043c	0.092c	-0.204c	1		
17 Dual	-0.031c	0.033c	0.005	-0.012	-0.030c	0.012	0.021b	0.022b	-0.048c	-0.018b	-0.092c	0.037c	-0.046c	-0.019b	-0.128c	0.063c	1	
18 Rindirector	0.004	0.031c	0.017b	0.059c	-0.001	0.016a	-0.003	0.017a	0.035c	0.029c	0.085c	0.007	0.092c	-0.030c	-0.101c	0.052c	0.041c	1
19 Big4	0.055c	0.028c	0.102c	0.017b	0.041c	-0.020b	0.007	0.011	0.053c	0.057c	0.329c	-0.048c	0.084c	0.035c	0.097c	-0.019b	-0.027c	0.013

注：a, b, c 分别表示变量间 Pearson 相关性检验在 10%、5%、1% 水平上显著异于 0（双尾）。

数为负，且在 1% 的水平上相关系数关系显著。这说明距离北京越远、制度环境越差的地区上市公司越偏好聘请北京独立董事，本章的研究假设 H3－1a 和 H3－1b 得到初步印证。同时，北京异地独立董事比例（*Indirector_ bj_ P*）与股权再融资（*SEO*）、行业壁垒（*Protection*）在 1% 水平上呈显著正相关，与企业违规（*Violation*）在 5% 水平上呈显著负相关，这说明聘请北京异地独立董事的上市公司更可能进行股权再融资、更可能进入高壁垒行业，也更可能不会出现企业违规现象，以上相关系数检验结果初步印证了本章研究假设 H3－3 的推断。此外，除了财务杠杆（*Lev*）与盈利能力（*ROA*）之间 Pearson 相关系数为 － 0.44 以外①，其他各变量间相关系数的绝对值均不超过 0.4，这说明解释变量、控制变量之间不存在高度的相关关系。本章接下来将进一步控制其他变量，进行多元回归分析。

四　基本假设检验

（一）谁在追逐北京独董？

表 3—6 报告了研究假设 H3－1 的检验结果。为了控制年度和行业固定效应，我们在所有模型中均加入了年度和行业哑变量。在计算回归方程的标准差时，我们在行业层面进行了聚类（Cluster），用以控制相同行业间的组内相关性。第（1）至（3）列的被解释变量依次为北京独立董事比例、数量和哑变量②。回归结果显示：远距离异地公司哑变量（*Far_ bj*）与北京独立董事至少在 5% 的水平上呈显著正相关关系。这说明当异地上市公司与北京距离较远时，聘请北京独立董事的动机更强，本章研究假设 H3－1a 通过检

---

① 稳健性测试中去掉任一变量，不改变结果。

② 当被解释变量为北京独立董事比例时，我们采用 OLS 回归；当被解释变量为北京独立董事数量时，我们采用 Poisson 回归；当被解释变量为北京独立董事哑变量时，我们采用 Logit 回归；下同。

验。制度环境（*Market*）与北京独立董事均在 1% 的水平上呈显著负相关关系。这说明异地上市公司所在地区的制度环境越差，聘请北京独立董事的动机越强，本章研究假设 H3 – 1b 通过检验。

表 3—6　　　异地上市公司聘请北京独立董事的影响因素分析

变量名称	变量符号	（1）*Indirector_ bj_ P*	（2）*Indirector_ bj_ N*	（3）*Indirector_ bj_ D*
远距离异地公司	*Far_ bj*	0.048 **	0.231 **	0.453 ***
		(2.533)	(2.380)	(3.085)
制度环境	*Market*	– 0.061 ***	– 0.278 ***	– 0.384 ***
		(– 6.923)	(– 8.634)	(– 6.779)
近距离异地公司	*Near_ bj*	0.112 ***	0.429 ***	0.745 ***
		(20.462)	(9.652)	(10.311)
北京业务	*Revenue_ bj*	0.395 ***	1.132 ***	2.076 ***
		(6.522)	(9.219)	(3.982)
独董教育水平	*Education*	0.033 ***	0.145 ***	0.248 ***
		(3.666)	(3.803)	(4.828)
业务复杂度	*Complex*	– 0.004 **	– 0.015	– 0.030 **
		(– 2.464)	(– 1.446)	(– 2.234)
公司规模	*Lnsize*	0.025 ***	0.153 ***	0.213 ***
		(3.815)	(5.735)	(6.331)
财务杠杆	*Lev*	0.014	0.065	0.027
		(1.009)	(0.822)	(0.217)
盈利能力	*ROA*	0.011	– 0.045	– 0.039
		(0.373)	(– 0.255)	(– 0.189)
成长能力	*Growth*	0.010	0.045	0.101
		(1.064)	(1.138)	(1.308)
产权性质	*SOE*	– 0.006	0.007	– 0.001
		(– 0.514)	(0.129)	(– 0.008)
高管持股比例	*Mshare*	– 0.090	– 0.349	0.213
		(– 0.559)	(– 0.592)	(0.185)
两职合一	*Dual*	– 0.015	– 0.077	– 0.090
		(– 1.399)	(– 1.497)	(– 1.233)

续表

变量名称	变量符号	(1) Indirector_ bj_ P	(2) Indirector_ bj_ N	(3) Indirector_ bj_ D
独立董事比例	Rindirector	0.028	0.574 **	0.452
		(0.607)	(2.445)	(1.168)
审计质量	Big4	0.024	0.114	0.157
		(0.958)	(1.243)	(0.945)
股权集中度	Zindex	− 0.000 ***	− 0.001 ***	− 0.001 ***
		(− 4.720)	(− 4.784)	(− 3.401)
上市年限	List_ age	− 0.039 ***	− 0.190 ***	− 0.345 ***
		(− 3.857)	(− 5.394)	(− 4.482)
截距项	Constant	− 0.414 ***	− 3.917 ***	− 4.850 ***
		(− 3.233)	(− 7.092)	(− 5.566)
年度/行业	Industry & Year	Yes	Yes	Yes
观测数	Obs#	13237	13237	13237
调整后 R^2	Adj- R^2 / Pseudo R^2	0.0965	0.0552	0.0650
F 值/卡方	F Value/LR chi2	30.45	1769.24	1192.24

注：* 、* * 、* * * 分别表示在10%、5%以及1%水平上显著异于0（双尾）。

控制变量的回归结果显示：近距离异地公司哑变量（Near_ bj）与北京独立董事在1%的水平上呈显著正相关关系，这说明当异地上市公司与北京距离较近时，聘请北京独立董事的动机也较强，这体现了资源占有的"近水楼台"。北京业务（Revenue_ bj）与北京独立董事在1%的水平上呈显著正相关关系，这与孙亮和刘春（2014）的研究结论一致。独立董事教育水平与北京独立董事均在1%的水平上呈显著正相关关系，这与孙亮和刘春（2014）的研究结论一致。业务复杂度与北京独立董事呈显著负相关关系，这说明业务越复杂的异地上市公司聘请北京独立董事的概率越低，这可能是因为业务复杂的上市公司更需要独立董事频繁地参与公司的经营决策，因此更倾向于聘请当地独立董事。公司规模与北京独立董事在1%的水平上呈显著正相关关系，这与孙亮和刘春（2014）的研究结论一致。股权集中度与北京独立董事在1%的水平上呈显著负相关关系，这与孙亮和刘春（2014）的研究结论一致。公司上市年限与北京独立董事在1%的水平上呈显著负相关关系，这说明越年轻的上市公司越需要寻求政治资源的庇护，越倾向于聘请北京独立董事。

（二）追逐什么样的北京独董？

按照地域特征，可以将总部位于北京以外的上市公司的独立董事分为三类：当地独立董事、来自北京地区的异地独立董事（简称"北京异地独立董事"）和来自北京以外地区的异地独立董事（简称"非北京异地独立董事"）。图3—4对我国2002年至2013年总部位于北京以外的A股主板上市公司中独立董事的职业背景进行了统计。从职业分布可以看出，与非北京异地独立董事相比较，上市公司聘请的北京异地独立董事更多地集中在退休官员和行业协会领导人员之中。行业协会是我国《民法》规定的社团法人，是连接政府与企业的桥梁与纽带。虽然行业协会并不属于政府机构，但是却有深刻的"行政"烙印，成为"准政府组织"。从这一数据统计来看，异地上市公司对北京独立董事的热衷很可能是出于对政治资源的追逐。

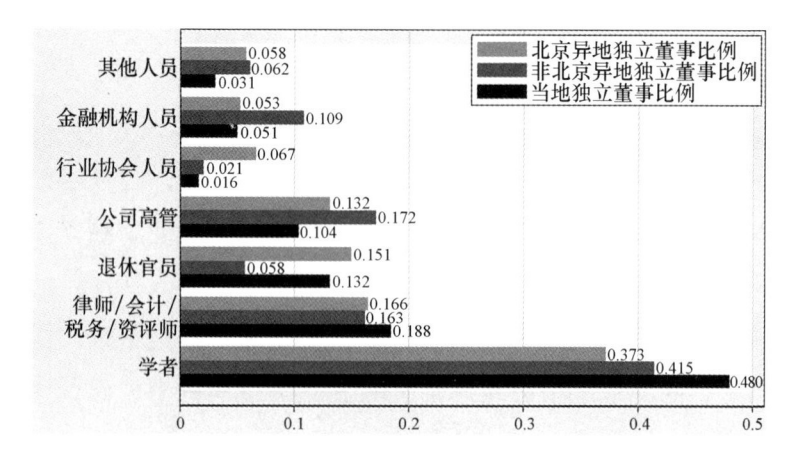

图3—4　不同归属地下独立董事的职业分布情况

为了进一步检验研究假设 H3 - 2，我们对北京独立董事在不同地区的职业分布进行了单变量检验。具体方法如下：首先按照是否具有政府部门的任职经验，将 15276 名全职工作地点在北京的独立董事划分为"政府官员类北京独立董事"和"非政府官员类北京独立董事"两类，然后进一步比较两类独立董事在北京当地和异地上市公司中的比例分布。如果我们观察到，异地上市公司聘请的北京独立董事中政府官员类独立董事比例显著更大，就可以在一定程度上说明，异地上市公司对北京独立董事的热衷是源于对政治资源的追逐。反之，则不能得出以上结论。

表3—7　　　　北京独立董事在不同地区职业分布的单变量检验

独立董事	北京上市公司		异地上市公司		均值 T 检验	中值 Z 检验
	人数	比例	人数	比例		
政府官员类北京独立董事	513	14.26%	1809	15.49%	− 1.801 *	− 1.801 *
行业协会类北京独立董事	136	3.78%	804	6.88%	− 6.786 ***	− 6.776 ***

注：*、* *、* * *分别表示在10%、5%以及1%水平上显著异于0（双尾）。

表3—7 报告了北京当地与异地上市公司中北京独立董事职业分布的单变量检验结果。数据显示：在 2002 年至 2013 年，北京上市公司共聘请了 3598 人次北京独立董事，其中 513 人次（14.26%）为政府退休官员；异地上市公司共聘请了 11678 人次北京独立董事，其中 1809 人次（15.49%）为政府退休官员。单变量的检验结果显示：异地上市公司聘请的北京独立董事中政府官员类独立董事比例显著更大。此外，基于行业协会类北京独立董事的比较结果同样显示，异地上市公司聘请的北京独立董事中行业协会类独立董事比例显著更大。以上结果在一定程度上说明，异地上市公司对北京独立董事的热衷的确存在对政治资源追逐的动机，本章研究假设 H3 - 2 通过检验。

（三）北京独董带来了什么？

表3—8报告了研究假设 H3 - 3 的检验结果。为了控制年度和行业固定效应，我们在所有模型中均加入了年度和行业哑变量。在计算回归方程的标准差时，我们在行业层面进行了 Cluster，用以控制相同行业间的组内相关性。第（1）至（3）列的被解释变量依次为股权再融资、行业壁垒和企业违规。回归结果显示：股权再融资（SEO）与北京独立董事在5%的水平上呈显著正相关关系，行业壁垒（Protection）与北京独立董事在1%的水平上呈显著正相关关系，企业违规（Violation）与北京独立董事在10%的水平上呈显著负相关关系。以上回归结果说明：聘请北京独立董事的确有助于异地上市公司对政治资源的获取，这具体表现为异地上市公司中北京独立董事有助于企业股权再融资、进入高壁垒行业以及降低企业违规处罚风险。本章研究假设 H3 - 3 通过检验。

表3—8　　　　异地上市公司聘请北京独立董事的经济后果分析

变量名称	变量符号	（1）SEO	（2）Protection	（3）Violation
北京独董比例	Indirector_ bj_ P	0.239 **	0.220 ***	- 0.466 *
		(2.219)	(3.876)	(- 1.750)
公司规模	Lnsize	0.043	0.354 ***	- 0.159 **
		(0.806)	(12.108)	(- 2.341)
财务杠杆	Lev	0.663 ***	0.044	0.540 ***
		(7.509)	(0.496)	(3.399)
盈利能力	ROA	3.411 ***	- 0.086	- 1.161
		(3.940)	(- 0.212)	(- 1.069)
成长能力	Growth	0.599 ***	- 0.073	- 0.799 ***
		(8.905)	(- 0.736)	(- 3.140)
机构持股比例	Institude	0.254	- 0.015	0.428
		(1.283)	(- 0.075)	(1.578)
产权性质	SOE	- 0.054	0.866 ***	- 0.394 ***
		(- 0.666)	(23.181)	(- 2.834)

续表

变量名称	变量符号	(1) SEO	(2) Protection	(3) Violation
两职合一	Dual	- 0.153 *	- 0.006	- 0.099
		(- 1.769)	(- 0.109)	(- 0.491)
独立董事比例	Rindirector	0.436	- 0.889 *	0.153
		(0.979)	(- 1.686)	(0.169)
审计质量	Big4	0.010	- 0.280 ***	- 0.280
		(0.083)	(- 5.409)	(- 0.780)
股权集中度	Zindex	0.000	0.001 ***	- 0.006 **
		(0.043)	(2.698)	(- 2.136)
业务复杂度	Complex	0.033 ***	- 0.001	- 0.027
		(2.700)	(- 0.050)	(- 0.682)
市场竞争度	Competition	- 3.430 ***	6.782 ***	- 0.482
		(- 4.774)	(24.616)	(- 0.491)
上市年限	List_ age	0.009	- 0.264 ***	0.376 ***
		(0.115)	(- 5.399)	(4.452)
截距项	Constant	- 4.130 ***	- 10.047 ***	- 1.415
		(- 3.429)	(- 21.705)	(- 1.025)
年度	Year	Yes	Yes	Yes
行业	Industry	Yes	No①	Yes
观测数	Obs#	13237	13237	13237
调整后 R^2	Pseudo R^2	0.0786	0.1713	0.0769
F 值/卡方	LR chi2	537.78	1571.31	181.45

注：* 、 * * 、 * * * 分别表示在 10% 、5% 以及 1% 水平上显著异于 0 （双尾）。

五 稳健性检验

（一） 删除总部不在北京的中央企业样本

国有企业分为中央企业和地方企业。其中，中央企业直接由中央政府监督管理。作为国民经济的重要支柱，我国中央企业的总部

---

① 由于行业壁垒 （Protection） 是根据上市公司所在行业构建的哑变量，为防止完全共线性，该列我们并未控制行业变量，同时在年度 （Year） 层面进行了 Cluster。

大多设立在北京。然而，由于中华人民共和国成立初期固有的工业布局、沿海城市航运中心的优势以及对外开放的需求等，在东北、上海、部分中西部中心城市和广东等地区也聚集着相当一部分中央企业。如总部设立在吉林长春的一汽轿车、上海的宝钢股份和东方航空、广东深圳的中广核电力等。虽然这些中央企业的总部并没有设立在北京，但是为了监管的便利，其在人员安排上可能也会受到中央政府的影响。如更倾向于聘请北京地区的高级管理人员和独立董事。为了避免这种行政指派对本章研究结论产生影响，我们接下来删除318家总部不在北京的中央企业①，合计2353个公司年观测值重新对模型（3—1）进行检验，回归结果如表3—9所示。对比表3—9和表3—6的结果可以看出，在删除总部不在北京的中央企业样本后，考察变量的回归结果大致保持不变，结果较为稳定。

表3—9　　　　　　　异地非央企上市公司聘请北京独立董事的检验

变量名称	变量符号	(1) Indirector_ bj_ P	(2) Indirector_ bj_ N	(3) Indirector_ bj_ D
远距离异地公司	Far_ bj	0.045 *	0.235 *	0.432 ***
		(2.036)	(1.915)	(2.743)
制度环境	Market	−0.065 ***	−0.322 ***	−0.453 ***
		(−6.108)	(−9.164)	(−6.034)
近距离异地公司	Near_ bj	0.112 ***	0.491 ***	0.833 ***
		(11.513)	(8.086)	(9.119)
北京业务	Revenue_ bj	0.347 ***	1.064 ***	1.821 ***
		(4.967)	(7.543)	(3.204)
独董教育水平	Education	0.038 ***	0.190 ***	0.250 ***
		(4.648)	(5.305)	(4.751)

---

①　中央企业有广义和狭义之分，狭义的中央企业通常指由国务院国资委监督管理的企业。广义的中央企业还包括由银监会、保监会、证监会管理的企业以及由国务院其他部门或群众团体管理的企业。本章定义的中央企业为广义的中央企业，若仅删除狭义的中央企业样本，回归结果仍然保持一致。

续表

变量名称	变量符号	（1）Indirec-tor_ bj_ P	（2）Indirec-tor_ bj_ N	（3）Indirec-tor_ bj_ D
业务复杂度	Complex	0.000	0.007	0.017
		(0.171)	(0.649)	(0.903)
公司规模	Lnsize	0.019**	0.136***	0.163***
		(2.284)	(3.281)	(3.588)
财务杠杆	Lev	0.018	0.102	0.066
		(1.236)	(1.352)	(0.487)
盈利能力	ROA	− 0.016	− 0.199	− 0.107
		(− 0.525)	(− 1.050)	(− 0.614)
成长能力	Growth	0.008	0.032	0.119
		(0.956)	(0.851)	(1.533)
产权性质	SOE	− 0.036***	− 0.143***	− 0.197**
		(− 3.878)	(− 2.917)	(− 2.043)
高管持股比例	Mshare	− 0.041	− 0.159	0.388
		(− 0.264)	(− 0.279)	(0.329)
两职合一	Dual	− 0.021**	− 0.123**	− 0.139*
		(− 2.302)	(− 2.443)	(− 1.711)
独立董事比例	Rindirector	0.002	0.484*	0.399
		(0.051)	(1.922)	(1.051)
审计质量	Big4	0.022	0.104	0.105
		(0.677)	(0.699)	(0.605)
股权集中度	Zindex	− 0.000***	− 0.001***	− 0.001*
		(− 3.142)	(− 4.020)	(− 1.800)
上市年限	List_ age	− 0.041***	− 0.220***	− 0.394***
		(− 4.699)	(− 6.677)	(− 5.408)
截距项	Constant	− 0.294	− 3.660***	− 3.741***
		(− 1.569)	(− 3.624)	(− 3.119)
年度/行业	Industry & Year	Yes	Yes	Yes
观测数	Obs#	10884	10884	10884
调整后 R^2	Adj- R^2 / Pseudo R^2	0.0992	0.0557	0.0671
F 值/卡方	F Value / LR chi2	26.49	1337.39	1005.88

注：＊、＊＊、＊＊＊分别表示在 10%、5% 以及 1% 水平上显著异于 0（双尾）。

（二）改变"地理距离"的度量方式

在基本假设的检验中，我们根据球面上两点坐标来计算异地上市公司与北京独立董事之间的地理距离，并根据地理距离的远近构建了"远距离异地公司"哑变量。然而，由于各地交通运输发展水平的不同，空间上相等的距离可能在交通时间上存在较大的差异。为了避免各地交通运输发展水平差异对本章结论产生影响，我们根据一天内北京与上市公司总部所在城市之间的高铁班次数，来补充衡量北京与异地上市公司之间的便捷程度，重新对模型（3—1）进行检验。其中，高铁班次数据取自 2015 年 4 月 30 日 12306 铁道部火车票网上订票唯一官网：http：//www. 12306. cn/ mormhweb/。检验结果如表 3—10 所示。可以看出，耗时异地公司哑变量（Unconvenient _ bj）的回归系数仍然维持在至少 10% 的水平上显著。改变"地理距离"度量方式的稳健性检验结果进一步支持了本章研究假设 H3 - 1a 的结论。同时，制度环境变量的回归结果大致保持不变。

表 3—10　　　　　　　改变"地理距离"度量方式的稳健性检验

变量名称	变量符号	（1）Indirec-tor_ bj_ P	（2）Indirec-tor_ bj_ N	（3）Indirec-tor_ bj_ D
耗时异地公司①	Unconvenient _ bj	0.023 *	0.110 **	0.207 ***
		(2.021)	(2.061)	(2.464)
制度环境	Market	- 0.045 ***	- 0.210 ***	- 0.239 ***
		(- 6.047)	(- 5.255)	(- 5.342)
便捷异地公司	Convenient_ bj	0.044 *	0.161	0.381 **
		(1.759)	(1.497)	(2.127)

---

　　① 　参照远距离异地公司的度量方法。我们根据上市公司总部与北京市之间的高铁班次数将总样本划分为五等份，当上市公司总部与北京之间的高铁班次数落入最小的一等份时，Unconve-nient_ bj 取值为 1，否则取值为 0。

续表

变量名称	变量符号	（1）Indirector_ bj_ P	（2）Indirector_ bj_ N	（3）Indirector_ bj_ D
北京业务	Revenue_ bj	0.400 ***	1.138 ***	2.114 ***
		（6.840）	（10.661）	（4.055）
独董教育水平	Education	0.033 ***	0.150 ***	0.245 ***
		（3.637）	（3.849）	（5.055）
业务复杂度	Complex	−0.006 ***	−0.023 ***	−0.040 ***
		（−3.985）	（−2.643）	（−3.509）
公司规模	Lnsize	0.029 ***	0.172 ***	0.233 ***
		（4.096）	（6.458）	（6.081）
财务杠杆	Lev	0.019	0.092	0.067
		（1.314）	（1.090）	（0.513）
盈利能力	ROA	0.002	−0.056	−0.095
		（0.091）	（−0.332）	（−0.487）
成长能力	Growth	0.008	0.038	0.090
		（0.842）	（0.983）	（1.068）
产权性质	SOE	−0.002	0.020	0.028
		（−0.165）	（0.353）	（0.224）
高管持股比例	Mshare	−0.137	−0.502	−0.083
		（−0.875）	（−0.818）	（−0.074）
两职合一	Dual	−0.015	−0.077	−0.092
		（−1.588）	（−1.604）	（−1.395）
独立董事比例	Rindirector	0.035	0.599 **	0.512
		（0.718）	（2.421）	（1.250）
审计质量	Big4	0.023	0.097	0.165
		（0.750）	（0.827）	（0.836）
股权集中度	Zindex	−0.000 ***	−0.001 ***	−0.001 ***
		（−4.128）	（−4.393）	（−2.996）
上市年限	List_ age	−0.042 ***	−0.195 ***	−0.350 ***
		（−3.648）	（−4.956）	（−4.201）
截距项	Constant	−0.406 ***	−4.311 ***	−5.264 ***
		（−3.147）	（−8.137）	（−5.941）
年度/行业	Industry & Year	Yes	Yes	Yes

续表

变量名称	变量符号	(1) Indirec-tor_ bj_ P	(2) Indirec-tor_ bj_ N	(3) Indirec-tor_ bj_ D
观测数	Obs#	13237	13237	13237
调整后 R^2	Adj- R^2/ Pseudo R^2	0.0738	0.0460	0.0520
F 值/卡方	F Value / LR chi2	22.97	1474.09	953.18

注：*、**、*** 分别表示在10%、5%以及1%水平上显著异于0（双尾）。

（三）考虑异地上市公司所在地独立董事的供给水平

从独立董事的供给来看，全和李（2017）的统计结果显示：在2003 年至 2013 年，来自高校、党校、研究院等事业单位的学者构成了我国独立董事群体最重要的组成部分，人数约占43.51%。虽然我们无法精确地衡量各地上市公司的供给水平，但是，通过控制独立董事中比例最大的学者型独立董事的供给量，就可以在一定程度上消除地区独立董事供给水平对上市公司独立董事选择的影响。表 3—11 报告了控制上市公司所在地区独立董事供给水平（ID_ Supply）[①]的检验结果。回归结果显示：独立董事供给水平（ID_ Supply）的系数为负但不显著。这说明，异地上市公司聘请北京独立董事的决策并不直接受当地独立董事供给水平的影响，而是北京独立董事所特有的资源吸引着各地上市公司。

表 3—11　　异地上市公司聘请北京独立董事的多元回归分析

变量名称	变量符号	(1) Indirec-tor_ bj_ P	(2) Indirec-tor_ bj_ N	(3) Indirec-tor_ bj_ D
远距离异地公司	Far_ bj	0.045 **	0.220 **	0.445 ***
		(2.415)	(2.191)	(3.005)

① 独立董事供给水平（ID_ Supply）使用当地专任教师人数的自然对数来度量，数据来源为《中国统计年鉴》。

变量名称	变量符号	（1）Indirector_ bj_ P	（2）Indirector_ bj_ N	（3）Indirector_ bj_ D
制度环境	Market	− 0.056 ***	− 0.262 ***	− 0.372 ***
		（− 5.280）	（− 6.601）	（− 5.133）
独董供给水平	ID_ Supply	− 0.011	− 0.031	− 0.025
		（− 1.100）	（− 0.720）	（− 0.409）
近距离异地公司	Near_ bj	0.114 ***	0.434 ***	0.748 ***
		（21.024）	（10.048）	（10.321）
北京业务	Revenue_ bj	0.397 ***	1.139 ***	2.078 ***
		（6.535）	（9.102）	（3.979）
独董教育水平	Education	0.034 ***	0.147 ***	0.250 ***
		（3.729）	（3.823）	（4.785）
业务复杂度	Complex	− 0.004 **	− 0.015	− 0.030 **
		（− 2.431）	（− 1.434）	（− 2.234）
公司规模	Lnsize	0.025 ***	0.153 ***	0.214 ***
		（3.862）	（5.710）	（6.311）
财务杠杆	Lev	0.014	0.065	0.027
		（1.034）	（0.838）	（0.216）
盈利能力	ROA	0.012	− 0.040	− 0.037
		（0.403）	（− 0.228）	（− 0.177）
成长能力	Growth	0.009	0.043	0.100
		（1.021）	（1.119）	（1.292）
产权性质	SOE	− 0.006	0.007	− 0.001
		（− 0.522）	（0.131）	（− 0.011）
高管持股比例	Mshare	− 0.092	− 0.355	0.207
		（− 0.564）	（− 0.595）	（0.180）
两职合一	Dual	− 0.014	− 0.076	− 0.088
		（− 1.404）	（− 1.511）	（− 1.231）
独立董事比例	Rindirector	0.029	0.576 **	0.454
		（0.623）	（2.448）	（1.174）
审计质量	Big4	0.024	0.112	0.157
		（0.961）	（1.235）	（0.947）

变量名称	变量符号	(1) Indirec-tor_ bj_ P	(2) Indirec-tor_ bj_ N	(3) Indirec-tor_ bj_ D
股权集中度	Zindex	− 0. 000 ***	− 0. 001 ***	− 0. 001 ***
		(− 4. 740)	(− 4. 771)	(− 3. 408)
上市年限	List_ age	− 0. 040 ***	− 0. 191 ***	− 0. 347 ***
		(− 3. 848)	(− 5. 336)	(− 4. 453)
截距项	Constant	− 0. 326 **	− 3. 608 ***	− 4. 600 ***
		(− 2. 145)	(− 6. 054)	(− 4. 781)
年度/行业	Industry & Year	Yes	Yes	Yes
观测数	Obs#	13237	13237	13237
调整后 R^2	Adj- R^2/ Pseudo R^2	0. 0969	0. 0553	0. 0651
F 值/卡方	F Value / LR chi2	29. 98	1772. 24	1192. 80

注：*、＊＊、＊＊＊分别表示在10%、5%以及1%水平上显著异于0（双尾）。

（四）基于变化模型的经济后果检验

为了更干净地检验公司在聘请北京独董后是否更容易获得股权再融资机会、更可能进入垄断行业、更可能不被处罚，我们仅保留同一上市公司在样本期间内同时存在某些年份聘请北京独董和某些年份未聘请北京独董的 7444 个公司年观测值，并构建聘请北京独董的哑变量（Hire）。具体取值方式为：若上市公司当年聘请了全职工作地点在北京的独立董事，则 Hire 取值为 1，否则取值为 0。同时，为了控制可能遗漏的公司特征问题，我们在所有回归模型中均加入了年度和公司固定效应。在计算回归方程的标准差时，我们在行业层面进行了 Cluster，用来控制相同行业间的组内相关性。为了避免 Logit 模型在处理固定效应时可能存在的"完全或拟完全分离问题"（"complete or quasi-complete separation" problem in the logistic fixed effect model），从而保证样本期间内因变量（股权再融资、行业壁垒和企业违规）未发生变化的公司固定效应可估计，参照 Gul et al.（2013）的处理方法，我们对所有模型均采用 OLS

回归。

表 3—12 第（1）至（3）列的被解释变量依次为股权再融资、行业壁垒和企业违规。回归结果显示：股权再融资（SEO）与北京独立董事在 1% 的水平上呈显著正相关关系，行业壁垒（Protection）与北京独立董事在 10% 的水平上呈显著正相关关系，企业违规（Violation）与北京独立董事在 5% 的水平上呈显著负相关关系。以上回归结果说明：相比较未聘请北京独董时，聘请北京独董后的确有助于异地上市公司的政治资源获取，具体表现为有助于企业股权再融资、进入高壁垒行业以及降低企业违规处罚风险这几方面。本章研究假设 H3 - 3 进一步通过检验。

表 3—12　　　异地上市公司聘请北京独立董事的经济后果分析

变量名称	变量符号	（1）SEO	（2）Protection	（3）Violation
聘请北京独董	Hire	0.023***	0.014*	- 0.006**
		(3.017)	(1.753)	(- 2.076)
公司规模	Lnsize	- 0.037*	0.007	0.004*
		(- 1.902)	(0.935)	(2.027)
财务杠杆	Lev	0.049**	- 0.005	0.052***
		(2.709)	(- 0.621)	(3.626)
盈利能力	ROA	0.157***	0.059	- 0.003
		(3.935)	(1.672)	(- 0.047)
成长能力	Growth	0.028*	- 0.005	- 0.019**
		(1.889)	(- 0.934)	(- 2.449)
机构持股比例	Institude	0.012	0.018	0.011
		(0.832)	(0.566)	(1.188)
产权性质	SOE	0.001	- 0.007	- 0.001
		(0.055)	(- 0.697)	(- 0.080)
两职合一	Dual	- 0.003	0.013	- 0.006
		(- 0.346)	(1.323)	(- 1.071)
独立董事比例	Rindirector	0.058	0.015	- 0.040*
		(1.081)	(0.578)	(- 1.791)

续表

变量名称	变量符号	(1) SEO	(2) Protection	(3) Violation
审计质量	Big4	0.021	0.023*	−0.005
		(1.047)	(1.761)	(−0.457)
股权集中度	Zindex	−0.000***	0.000	−0.000
		(−2.752)	(0.212)	(−0.312)
业务复杂度	Complex	0.008	−0.002	0.002
		(1.505)	(−0.493)	(0.712)
市场竞争度	Competition	−0.099	0.567***	0.073*
		(−1.391)	(3.023)	(2.045)
上市年限	List_ age	0.080***	0.027	−0.001
		(3.979)	(1.553)	(−0.155)
截距项	Constant	0.547	−0.208	−0.066
		(1.294)	(−1.463)	(−1.388)
年度	Year	Yes	Yes	Yes
公司	Firm	Yes	Yes	Yes
观测数	Obs#	7444	7444	7444
调整后 R^2	Adj-R^2	0.0346	0.8294	0.0298
F 值	F Value	1.37	51.62	1.32

注：*、**、***分别表示在10%、5%以及1%水平上显著异于0（双尾）。

第五节　进一步拓展与分析

一　排除北京地区在文化和经济上的解释

本章研究认为，北京独特的政治资源优势吸引了异地上市公司对北京独立董事的需求。然而之前我们也指出，除了政治外，北京同时还是文化和经济中心。那么，是否实际上是由后面的两项功能导致了上文的结果呢？为此，我们选取了同为文化和经济中心的上海进行比较研究。由图3—1各地区上市公司分布与独立董事供给情况可知，上海是除北京外唯一一个独立董事供给比例超出上市公司比例的地区。也就是说，上海除了是为当地上市公司提供了大量独立董事（71.91%）的区域外，也是其他地区上市公司选拔独立董事的重要区域之一。进一步的数据显示：对于总部位于上海以外的上市公司而言，在聘请的所有异地独立董事中，来自上海的独立董事约占9.37%，这构成了异地独立董事的第二大来源。对比职业背景（图3—5所示）可知，相比于上海异地独立董事，北京异地独立董事集中在退休政府官员和行业协会人员的现象更为突出。

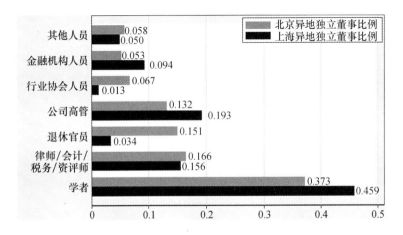

图3—5 北京和上海异地独立董事的职业分布情况

参照北京异地独立董事和北京远距离异地公司的度量方法。我们构建了上海异地独立董事比例（$Indirector\_sh\_P$）、上海异地独立董事数量（$Indirector\_sh\_N$）、上海异地独立董事哑变量（$Indirector\_sh\_D$）和上海远距离异地公司（Far_sh）四个指标。回归结果如表3—13所示，从表中可以看出，远距离和制度环境等影响异地上市公司聘请北京独立董事的因素对聘请上海独立董事并不存在显著影响。以上结果在一定程度上排除了由于北京在文化和经济上占有优势，从而导致异地上市公司聘请北京独立董事的解释，进一步佐证了异地上市公司通过聘请北京独立董事从而获取政治资源的观点。

表 3—13　　　　　异地上市公司聘请上海独立董事的多元回归分析

变量名称	变量符号	(1) Indirector_ sh_ P	(2) Indirector_ sh_ N	(3) Indirector_ sh_ D
远距离异地公司	Far_ sh	0.006	0.129	0.051
		(0.837)	(0.744)	(0.246)
制度环境	Market	−0.003	−0.058	−0.118
		(−0.589)	(−0.701)	(−1.205)
近距离异地公司	Near_ sh	0.056***	0.823***	0.916***
		(9.822)	(10.266)	(5.723)
上海业务	Revenue_ sh	0.000	0.005**	0.003
		(1.603)	(1.936)	(1.598)
独董教育水平	Education	0.018***	0.353***	0.399***
		(5.109)	(6.499)	(6.205)
业务复杂度	Complex	−0.003*	−0.060**	−0.057*
		(−1.833)	(−2.070)	(−1.697)
公司规模	Lnsize	0.002	0.101**	0.164***
		(0.914)	(2.376)	(3.533)
财务杠杆	Lev	0.022**	0.374***	0.379**
		(2.418)	(3.077)	(2.024)
盈利能力	ROA	0.034*	0.545*	0.565*
		(2.012)	(1.629)	(1.828)
成长能力	Growth	0.011**	0.147**	0.125
		(2.209)	(2.075)	(1.331)
产权性质	SOE	−0.016**	−0.265***	−0.286**
		(−2.103)	(−2.693)	(−2.138)
高管持股比例	Mshare	0.248**	1.921***	2.104***
		(2.528)	(2.818)	(2.738)
两职合一	Dual	0.006	0.077	0.086
		(0.659)	(0.629)	(0.645)
独立董事比例	Rindirector	0.011	0.660**	0.702*
		(0.551)	(2.109)	(1.866)

变量名称	变量符号	(1) Indirector_ sh_ P	(2) Indirector_ sh_ N	(3) Indirector_ sh_ D
审计质量	Big4	0.000	0.030	0.029
		(0.043)	(0.145)	(0.117)
股权集中度	Zindex	− 0.000 ***	− 0.002 ***	− 0.002 ***
		(− 2.763)	(− 2.729)	(− 3.050)
上市年限	List_ age	0.012 **	0.156 *	0.109
		(2.539)	(1.827)	(0.963)
截距项	Constant	− 0.195 ***	− 6.249 ***	− 7.704 ***
		(− 3.625)	(− 5.849)	(− 6.294)
年度/行业	Industry & Year	Yes	Yes	Yes
观测数	Obs#	12671	12671	12671
调整后 R^2	Adj- R^2/ Pseudo R^2	0.0523	0.0577	0.0491
F 值/卡方	F Value / LR chi2	15.87	778.84	543.95

注：* 、 * * 、 * * * 分别表示在 10% 、5% 以及 1% 水平上显著异于 0 （双尾）。

二　排除聘请北京异地独立董事从而弱化监督的解释

孙亮和刘春（2014）研究发现，上市公司存在着出于弱化监督而聘请异地独立董事的动机。如果弱化监督的解释在北京异地独立董事中同样成立，那么我们应该可以观察到，对于距离北京较远的上市公司而言，仅聘请近距离独立董事的公司监督效果更好，治理水平更佳。为了排除弱化监督的解释，我们仅保留距离北京较远，且聘请北京独立董事比例较高的地区（新疆、西藏、青海、云南、贵州、黑龙江）的样本，并根据独立董事全职工作地点与上市公司总部之间的平均距离是否大于当年所在地区的中值来将样本分为"远距离组"和"近距离组"。如果"远距离组"的公司治理水平显著差于"近距离组"，则说明弱化监督的解释对于北京异地独立董事同样成立。反之，则可以排除异地上市公司通过聘请北京独立董事从而达到弱化监督的目的。表3—14报告了按距离分组下的单变量检验结果。数据显示：远距离组异地上市公司聘请了显著多的北京独立董事。然而，其并未表现出更差的治理水平。相反，远距离组公司的独立董事所占比例更大、股权集中度更低、成长能力更强，甚至存在更多的机构投资者持股。以上检验较好地排除了异地上市公司出于弱化监督的动机而聘请北京独立董事的可能。

表3—14   排除弱化监督的单变量检验

变量名称	变量符号	远距离组			近距离组			均值 T 检验	中值 Z 检验
		N	均值	中值	N	均值	中值		
北京独董比例	*Indirec-tor_ bj_ P*	436	0.418	0.333	476	0.141	0	16.18 ***	14.79 ***
独立董事比例	*Indirector*	433	0.371	0.333	474	0.358	0.333	2.046 **	2.039 **
股权集中度	*Zindex*	436	17.05	2.519	476	29.33	9.981	− 3.915 ***	− 7.848 ***
机构持股比例	*Institude*	436	0.223	0.181	476	0.163	0.082	4.717 ***	5.990 ***
两职合一	*Dual*	436	0.101	0	476	0.103	0	− 0.101	− 0.101
审计质量	*Big4*	436	0.025	0	476	0.013	0	1.408	1.407
高管平均薪酬	*Pay*	436	0.463	0	476	0.483	0	− 0.600	− 0.601
盈利能力	*ROA*	436	0.025	0.025	476	0.016	0.025	1.492	1.445
成长能力	*Growth*	436	0.165	0.115	476	0.143	0.087	1.141	1.872 *

注：*、＊＊、＊＊＊分别表示在10%、5%以及1%水平上显著异于0（双尾）。

三　异地上市公司是否对北京独立董事支付了更高的薪酬

本书前面研究发现，政治资源的吸引是异地上市公司聘请北京独立董事的重要动机。如果北京独立董事可以给异地上市公司带来更多的政治资源，我们应该可以观察到上市公司将会为聘请该类独立董事支付更高的成本，即更高的独立董事薪酬。为了检验这一推测，我们构建了北京异地独立董事哑变量（*Indirector_ bjyd*）。具体取值方法为：若独立董事全职工作地点在北京，且任职上市公司所在地不在北京，则 *Indirector_ bjyd* 取值为 1，否则取值为 0。表 3—15 报告了独立董事层面的多元回归结果。其中，被解释变量为经当年行业中值调整的独立董事薪酬取的自然对数（*Adj_ pay*）。为了控制年度、行业和地区的固定效应，我们在所有模型中均加入了年度、行业和地区的哑变量。在计算回归方程的标准差时，我们同样在行业层面进行了 Cluster，用以控制相同行业间的组内相关性。表 3—15 多元回归结果显示：在控制各项独立董事层面和公司层面影响独立董事薪酬的因素后，北京异地独立董事的哑变量（*Indirector_ bjyd*）与独立董事的薪酬（*Adj_ pay*）仍然在 1% 的水平上呈显著正相关关系。这说明上市公司的确为北京异地独立董事支付了更高的薪酬。

表 3—15　　异地上市公司是否对北京独立董事支付了更高的薪酬

变量名称	变量符号	系数	T 值
北京异地独立董事哑变量	*Indirector_ bjyd*	0.053 ***	(3.207)
独立董事兼任个数	*Boardlock*	0.026 ***	(4.301)
独立董事教育水平	*Education*	0.043 ***	(9.657)
独立董事年龄	*Age*	0.223 ***	(9.659)
独立董事性别	*Gender*	− 0.030 ***	(− 4.294)
应出席会议次数	*Meeting*	0.032 ***	(20.84)
独董所在地人均 GDP	*GDP*	0.088 ***	(5.543)
公司规模	*Lnsize*	0.111 ***	(8.478)
财务杠杆	*Lev*	0.027	(1.124)
盈利能力	*ROA*	0.333 ***	(3.691)
成长能力	*Growth*	− 0.099 ***	(− 5.595)
产权性质	*SOE*	− 0.054 ***	(− 5.022)
高管持股比例	*Mshare*	− 0.095	(− 1.122)
两职合一	*Dual*	0.017	(0.851)
独立董事人数	*Indirector*	− 0.042 ***	(− 4.693)

续表

变量名称	变量符号	系数	T 值
审计质量	*Big4*	0.153 ***	(3.148)
股权集中度	*Zindex*	− 0.000 **	(− 2.499)
上市年限	*List_ age*	− 0.090 ***	(− 6.024)
截距项	*Constant*	− 4.366 ***	(− 19.57)
年度/行业/地区	*Industry & Year & place*	Yes	
观测数	Obs#	41465	
调整后 R^2	$Adj - R^2$	0.2648	
F 值/卡方	F Value	194.97	

注：*、＊＊、＊＊＊分别表示在 10%、5% 以及 1% 水平上显著异于 0（双尾）。

四 排除北京独立董事具有更强选择能力的解释

独立董事任职于不同公司并非随机事件，以上研究并不能排除北京异地独立董事主动选择任职公司这一行为。北京异地独立董事的高薪酬也很可能是因为北京异地董事更具有选择能力，但这种选择能力并不一定源自其可能拥有的政治资源。虽然我们无法直接判断北京异地独立董事是否选择了任职公司，但是，兼任个数可以在一定程度上反映独立董事选择任职公司的能力。一般来讲，独立董事任职家数越多，说明选择能力越强。对于兼任个数达到最大规定的独立董事来说①，其选择能力最强。为了尽可能消除北京异地独立董事在选择任职公司时存在的自主选择这一内生性问题，我们删除北京异地独立董事中兼任个数超过四家公司的样本，重新对研究假说 H3 − 3 进行检验。回归结果如下表 3—16 所示。

---

① 《关于在上市公司建立独立董事制度的指导意见》规定，独立董事原则上最多在 5 家上市公司兼任独立董事，并确保有足够的时间和精力有效地履行独立董事的职责。

表 3—16 　　　　异地上市公司聘请北京独立董事的经济后果分析

变量名称	变量符号	（1） SEO	（2） Protection	（3） Violation
北京独董比例	Indirector_ bj_ P	0. 211 *	0. 137 *	− 0. 559 **
		(1. 861)	(1. 864)	(− 2. 272)
公司规模	Lnsize	0. 053	0. 357 ***	− 0. 168 ***
		(0. 955)	(13. 539)	(− 2. 511)
财务杠杆	Lev	0. 651 ***	0. 068	0. 509 ***
		(7. 304)	(0. 722)	(3. 498)
盈利能力	ROA	3. 356 ***	− 0. 094	− 1. 299
		(4. 150)	(− 0. 256)	(− 1. 232)
成长能力	Growth	0. 601 ***	− 0. 066	− 0. 752 ***
		(8. 660)	(− 0. 700)	(− 3. 132)
机构持股比例	Institude	0. 234	− 0. 012	0. 441 *
		(1. 232)	(− 0. 057)	(1. 660)
产权性质	SOE	− 0. 078	0. 879 ***	− 0. 418 ***
		(− 0. 906)	(18. 916)	(− 2. 899)
两职合一	Dual	− 0. 154 *	0. 004	− 0. 125
		(− 1. 850)	(0. 063)	(− 0. 574)
独立董事比例	Rindirector	0. 492	− 0. 937 *	0. 317
		(1. 125)	(− 1. 788)	(0. 345)
审计质量	Big4	0. 012	− 0. 280 ***	− 0. 231
		(0. 090)	(− 5. 254)	(− 0. 630)
股权集中度	Zindex	− 0. 000	0. 001 ***	− 0. 005 **
		(− 0. 012)	(3. 223)	(− 2. 118)
业务复杂度	Complex	0. 034 ***	− 0. 003	− 0. 022
		(2. 654)	(− 0. 128)	(− 0. 603)
市场竞争度	Competition	− 3. 288 ***	6. 732 ***	− 0. 410
		(− 5. 136)	(25. 149)	(− 0. 421)
上市年限	List_ age	0. 024	− 0. 273 ***	0. 395 ***
		(0. 361)	(− 4. 767)	(4. 955)
截距项	Constant	− 4. 404 ***	− 10. 053 ***	− 1. 360
		(− 3. 632)	(− 23. 899)	(− 0. 980)
年度	Year	Yes	Yes	Yes

续表

变量名称	变量符号	(1) *SEO*	(2) *Protection*	(3) *Violation*
行业	*Industry*	Yes	No	Yes
观测数	Obs#	12960	12960	12960
调整后 R^2	Pseudo R^2	0.0781	0.1695	0.0673
F 值／卡方	LR chi2	523.56	1511.54	179.26

注：＊、＊＊、＊＊＊分别表示在 10%、5% 以及 1% 水平上显著异于 0（双尾）。

为了控制年度和行业固定效应，我们在所有模型中均加入了年度和行业哑变量。在计算回归方程的标准差时，我们在行业层面进行了 Cluster，用来控制相同行业间的组内相关性。第（1）至（3）列的被解释变量依次为股权再融资、行业壁垒和企业违规。回归结果显示：股权再融资（*SEO*）和行业壁垒（*Protection*）与北京独立董事在 10% 的水平上呈显著正相关关系，企业违规（*Violation*）与北京独立董事在 5% 的水平上呈显著负相关关系。以上回归结果说明，在删除最具有选择能力的北京异地独立董事的样本后，本章研究假设 H3 - 3 仍然成立。

五　考虑地方处罚以及处罚力度

考虑到北京独立董事更可能作用于当地部门，且处罚主体为中央的违规行为时更严重。本书在处理企业违规变量时，只采用处罚主体为中央监管部门的违规事件。然而，依据本章理论分析所述："在权力森严的等级下，权力的上一层次对下具有绝对的权威。这种权力的等级威严使企业有强烈动机追求上一层次权力的保护……"当处罚主体为地方监管部门时，企业与北京的政治关联会从中央传导到地方，最终导致企业可以规避地方处罚风险。因此，企业被地方监管部门处罚的变量设计同样符合假设 H3 - 3 的逻辑思路。为了验证这一逻辑思路，本章接下来仅考虑处罚主体为地方相关部门的违规事件。具体取值方法为：如果上市公司当年被地方相关部门处罚，则 *Violation_ local* 取值为1，否则取值为0。回归结果见下表3—17第一列所示，北京异地独立董事在降低企业违规处罚风险中发挥的作用消失了。

表3—17　　　　异地上市公司聘请北京独立董事的经济后果分析

变量名称	变量符号	（1）*Violation_ local*	（2）*Violation_ penalty*
北京独董比例	*Indirector_ bj_ P*	0.037	− 0.227 *
		(0.332)	(− 1.837)
公司规模	*Lnsize*	− 0.065	− 0.086
		(− 1.172)	(− 1.264)
财务杠杆	*Lev*	− 0.218 *	0.139 *
		(− 1.827)	(1.653)
盈利能力	*ROA*	− 4.173 ***	− 2.898 ***
		(− 10.165)	(− 7.457)
成长能力	*Growth*	− 0.120	− 0.620 ***
		(− 0.827)	(− 4.311)
机构持股比例	*Institude*	0.319 **	0.473 **
		(1.956)	(2.075)
产权性质	*SOE*	− 0.447 ***	− 0.436 ***
		(− 3.953)	(− 3.202)
两职合一	*Dual*	− 0.003	− 0.100
		(− 0.031)	(− 0.958)
独立董事比例	*Rindirector*	− 0.374	0.515 *
		(− 0.712)	(1.689)
审计质量	*Big*4	− 0.417 **	− 0.358 *
		(− 1.932)	(− 1.859)
股权集中度	*Zindex*	0.000	− 0.002 **
		(0.163)	(− 2.295)
业务复杂度	*Complex*	− 0.037 *	− 0.018
		(− 1.785)	(− 0.555)

续表

变量名称	变量符号	（1）*Violation_ local*	（2）*Violation_ penalty*
市场竞争度	*Competition*	0.048	0.011
		(0.066)	(0.019)
上市年限	*List_ age*	0.235***	0.288***
		(2.662)	(2.680)
截距项	*Constant*	−0.225	−0.741
		(−0.243)	(−0.600)
年度和行业	*Year & Industry*	Yes	Yes
观测数	Obs#	13237	12919
调整后 R^2	Pseudo R^2	0.0793	0.0869
F 值/卡方	LR chi2	486.86	1136.62

注：*、＊＊、＊＊＊分别表示在 10%、5% 以及 1% 水平上显著异于 0（双尾）。

  进一步查验违规数据可知，中央处罚的主体主要是证监会（96.61%），处罚方式以罚款（66.99%）和警告（7.84%）等行政处罚为主。地方处罚的主体主要包括证券交易所（56.86%）、各地证监局（37.57%）和环保局（1.39%）等，处罚方式以谴责（18.19%）、批评（25.73%）和其他（52.15%）等非行政处罚为主，这些属于自律监管措施或纪律处分。从以上可以看出，处罚主体为中央部门的违规事件更为严重，该类处罚对上市公司造成的负面影响也更大。本书中仅考虑处罚主体为中央部门的违规事件，也凸显了北京异地独立董事在降低重大企业违规处罚风险中发挥的重要作用。简而言之，当处罚主体仅为地方相关部门的违规事件时，回归结果变得不显著。一方面，可能是因为不同地区的处罚标准存在差异，基于不同处罚标准构建的变量存在更多噪音；另一方面，处罚主体为地方相关部门的违规事件更多为非行政处罚（自律监管措施或纪律处分），产生的负面影响也较小。

  考虑到处罚力度同样是考量企业违规处罚风险的重要因素，

我们将处罚主体为中央和地方的违规事件同时纳入样本，进一步考量北京异地独立董事在降低不同程度违规处罚风险中发挥的作用。我们首先根据处罚方式对违规处罚力度（*Violation_ penalty*）进行赋值，具体取值方法为："罚款"取值为 5，"警告"取值为 4，"谴责"取值为 3，"批评"取值为 2，"其他"取值为 1，否则取值为 0[①]。表 3—17 第（2）列报告了以违规处罚力度作为被解释变量的回归结果。检验结果显示：北京独董比例（*Indirector_ bj_ P*）与违规处罚力度（*Violation_ penalty*）在 10% 的水平上呈显著负相关关系。这一回归结果说明，聘请北京独立董事的异地上市公司受到的违规处罚力度显著更轻，本章研究假设 H3 - 3 "异地上市公司中北京独立董事有助于降低企业违规处罚风险"的推论进一步得到印证。

六　产权性质对异地上市公司聘请北京独立董事的影响研究

诚如图 3—4 "不同归属地下独立董事的职业分布情况"所描述的一样，异地上市公司对北京独立董事如此热衷的原因之一可能是出于对北京政治资源的追逐。如果这一猜想成立，由于不同产权性质的公司对政治资源的需求存在差异，国有企业天然地具有政治关联，他们通过聘请北京独立董事来追逐这一资源的动机相对较小。因此，我们应该可以观察到，相比较异地非国有企业，异地国有企业在聘请北京独立董事时，对地理距离和制度环境等因素更加敏感。为了印证这一推测，表 3—18 报告了按产权性质分组下的回归结果，我们同样在行业层面进行了 Cluster。

[①]　若同一违规行为受到多种方式处罚，则取最大值。

表 3—18　　产权性质对异地上市公司跨请北京独立董事的影响分析

变量名称	变量符号	国有企业组			非国有企业组		
		(1) Indirec-tor_bj_P	(2) Indirec-tor_bj_N	(3) Indirec-tor_bj_D	(1) Indirec-tor_bj_P	(2) Indirec-tor_bj_N	(3) Indirec-tor_bj_D
远距离异地公司	Far_bj	0.032*	0.161*	0.321**	0.062**	0.312***	0.602***
		(1.869)	(1.737)	(1.971)	(2.184)	(2.810)	(3.139)
制度环境	Market	−0.055***	−0.262***	−0.391***	−0.063***	−0.256***	−0.323***
		(−6.046)	(−9.183)	(−4.915)	(−3.810)	(−3.450)	(−3.711)
近距离异地公司	Near_bj	0.127***	0.455***	0.777***	0.056**	0.280***	0.501**
		(14.532)	(9.701)	(7.995)	(2.449)	(2.868)	(2.077)
北京业务	Revenue_bj_P	0.619***	1.474***	4.790***	0.272***	0.890***	1.197**
		(13.650)	(17.185)	(3.538)	(2.906)	(3.775)	(1.959)
独董教育水平	Education	0.024*	0.096*	0.166***	0.041***	0.214***	0.327***
		(2.009)	(1.923)	(2.559)	(3.323)	(4.060)	(3.807)
业务复杂度	Complex	−0.005*	−0.022	−0.043**	0.004	0.027*	0.034
		(−2.023)	(−1.434)	(−1.998)	(0.905)	(1.637)	(0.970)

续表

变量名称	变量符号	国有企业组			非国有企业组		
		(1) Indirector_P	(2) Indirector_N	(3) Indirector_D	(1) Indirector_P	(2) Indirector_N	(3) Indirector_D
公司规模	Lnsize	0.027***	0.157***	0.223***	0.011	0.095*	0.156***
		(4.135)	(6.711)	(6.863)	(0.976)	(1.752)	(2.466)
财务杠杆	Lev	0.033	0.157	0.155	-0.005	-0.036	-0.037
		(1.165)	(1.132)	(0.694)	(-0.225)	(-0.295)	(-0.187)
盈利能力	ROA	0.100	0.406	0.471	-0.065	-0.496	-0.435
		(1.444)	(1.049)	(1.204)	(-1.053)	(-1.566)	(-0.991)
成长能力	Growth	0.016*	0.053	0.107*	-0.000	-0.005	0.006
		(1.978)	(1.587)	(1.815)	(-0.012)	(-0.081)	(0.052)
高管持股比例	Mshare	0.590*	1.368	10.184	-0.102	-0.281	-0.328
		(1.894)	(0.925)	(1.374)	(-0.635)	(-0.508)	(-0.257)
两职合一	Dual	-0.004	-0.018	-0.091	-0.033***	-0.174***	-0.116
		(-0.186)	(-0.206)	(-0.667)	(-3.060)	(-2.748)	(-1.073)
独立董事比例	Rindirector	0.068	0.803***	0.732	-0.066	-0.034	0.031

续表

变量名称	变量符号	国有企业组 (1) Indirector_bj_P	国有企业组 (2) Indirector_bj_N	国有企业组 (3) Indirector_bj_D	非国有企业组 (1) Indirector_bj_P	非国有企业组 (2) Indirector_bj_N	非国有企业组 (3) Indirector_bj_D
审计质量	Big4	0.009 (1.071)	0.074 (2.809)	0.114 (1.353)	0.088 (-1.349)	0.288** (-0.122)	0.385 (0.059)
股权集中度	Zindex	-0.000*** (-3.490)	-0.001*** (-4.393)	-0.001*** (-2.949)	-0.000 (-1.477)	-0.002** (-1.944)	-0.002 (-1.385)
上市年限	List_age	-0.035*** (-2.886)	-0.177*** (-3.871)	-0.298*** (-2.766)	-0.047*** (-3.110)	-0.213*** (-3.548)	-0.484*** (-4.072)
截距项	Constant	-0.508*** (-3.951)	-3.999*** (-8.322)	-5.144*** (-6.655)	0.076 (0.278)	-2.726** (-2.276)	-3.491** (-2.323)
年度/行业	Industry & Year	Control	Control	Control	Control	Control	Control
观测数	Obs#	8786	8786	8786	4451	4451	4451
调整后 R^2	Adj. R^2 / Pseudo R^2	0.1269	0.0690	0.0812	0.0715	0.0422	0.0572
F值/卡方	F Value / LR chi2	28.75	1499.64	988.22	8.29	434.93	350.78

注：*、**、***分别表示在10%、5%以及1%水平上显著异于0（双尾）。

远距离异地公司的回归结果显示：在"国有企业组"，在北京独立董事的三种度量方式下，远距离异地公司（*Far_ bj*）与北京独立董事至少在10%的水平上呈显著正相关关系；在"非国有企业组"，远距离异地公司（*Far_ bj*）与北京独立董事至少在5%的水平上呈显著正相关关系。三组系数两两之间差异的邹氏检验（Chow Test）在人数度量方式下在10%的水平上显著。这说明当距离较远时，异地非国有企业更可能聘请北京独立董事。出现这一差异的原因可能是，相比较非国有企业，国有企业拥有的行政资源更为丰富，他们对北京独立董事的需求更低，因此为聘请北京独立董事承担的距离成本也更低。这一结果与异地国有企业对地理距离更为敏感的观点相一致。

制度环境的回归结果显示：无论在"国有企业组"，抑或是在"非国有企业组"，在北京独立董事的三种度量方式下，制度环境（*Market*）与北京独立董事均在1%的水平上呈显著负相关关系。虽然在"国有企业组"中，制度环境（*Market*）的显著性略高于"非国有企业组"，但是，三组系数两两之间差异的 Chow Test 检验结果并不显著。表3—18 的回归结果综合说明，在聘请北京独立董事时，与异地非国有企业相比较，异地国有企业对地理距离更为敏感，但对制度环境并不存在显著差异。这一结果在一定程度上进一步印证了异地上市公司通过聘请北京独立董事从而获取政治资源的观点。

第六节　本章小结

研究独立董事的选聘机制对于探索独立董事监督效力的成因具有重要意义。鉴于北京是中国的经济、政治、文化中心，以其为参照点研究异地上市公司独立董事的聘任具有较强的代表性。本章以沪、深两市 2002 年至 2013 年 A 股主板上市公司为样本，对异地上市公司聘请北京独立董事的行为动机与经济后果进行了探讨。研究显示：（1）出于获取政治资源的动机，总部与北京距离较远以及总部所在地制度环境较差的上市公司更倾向于聘请北京异地独立董事；（2）与北京当地上市公司相比较，异地上市公司聘请的北京独立董事中任职于政府部门的比例显著更大；（3）聘请北京独立董事的确有助于异地上市公司获取政治资源，具体表现在有助于企业股权再融资、进入高壁垒行业以及降低企业违规处罚风险的方面。与此同时，北京异地独立董事也获取了更高的薪酬。本章研究进一步厘清了我国背景下独立董事聘任决策与其职能发挥间的内在机理，显示了转轨经济背景下独立董事制度可能存在的功能异化，这对于公司治理机制的进一步完善具有重要意义。

当然，本章研究也存在一定的不足。任职于政府部门的北京异地独立董事，除了带来的可能政治资源外，还可能因熟知政府事务，或能更好地获得并解读政策信息从而为异地上市公司带来利益，具体可能包括再融资、进入高壁垒行业或者合理解读政策制度以规避处罚等。从这一角度来看，北京异地独立董事可能更多的是发挥着咨询功能。在我国，由于独立董事对政治资源的所有权或支配权问题比较敏感，这导致我们较难获取支持政治资源方面的直接证据。仔细推敲可以发现，独立董事资源依赖职能的发挥似乎也无法绝对地排除咨询职能。但这一咨询职能的最终结果为异地上市公司获取了更多的政治资源。也就是说，咨询功能的实现依然是建立在政治资源的基础之上的。考虑到最终结果表现为资源依赖，本章分析仍然更多是建立在政治资源获取的动机之上的。

第四章

独立董事的性别特征研究

　　早期由于在教育和工作经验方面上的人力资本储备有限，女性很难在企业经营中占有一席之地，提升空间也受到较大的限制。随着女性的教育水平和社会地位不断提高，女性在资本市场中扮演着越来越重要的角色。如 Sealy et al.（2007）发现，在英国《金融时报》100 强的公司中，女性董事在董事会执行委员会中的比例一直在上升。致同会计师事务所 2014 年发布的《国际商业问卷调查报告》显示：中国内地企业董事会中女性所占比例为 21%，高于全球 17% 的平均水平，在 44 个受访国家和地区中位列第 9。在 2002 年至 2012 年，我国 A 股上市公司共聘请了8248 名（49981 人次）独立董事，其中女性 1148 名（6152 人次）。女性独立董事不仅构成了独立董事的重要组成部分，而且女性独立董事人数由 2002 年的 10.26% 一路攀升至 2012 年的14.74%，呈现出逐年上涨的趋势。

　　随着资本市场中女性比例不断增大，学术界也陆续掀起了对女性高管和董事进行研究的热潮。如亚当斯和费雷拉（2009）研究发现，与男性董事相比较，女性董事有更好的会议出席记录。董事会成员性别多样化的上市公司在监督方面投入了更多的精力，该类公司的 CEO 变更业绩敏感性更强、董事会成员基于股权的薪酬更高，但经营绩效显著更差。Francis et al.（2009）研究发现，与男性 CFO 相比较，女性 CFO 实施的会计政策更加保守和稳健，更少进行盈余操纵（Chava 和 Purnanandam，2010；Liu et al.，2016）。女性董事显著提高了上市公司的慈善捐赠水平（周泽将，2014a）、降低了审计努力程度（周泽将，2014b）和降低了企业经营业绩（魏刚等，2007；周泽将和修宗峰，2014）。

与以上研究不同，本章以女性独立董事为研究对象，首先对女性独立董事的个体及行为特征进行了考察；然后从企业违规的角度，检验了女性独立董事是否能更好地发挥公司治理的作用；最后进一步检验法治水平对这一影响的调节作用。研究结果显示：（1）女性独立董事的教育水平、年龄、兼任独立董事个数以及薪酬均显著低于男性独立董事，女性独立董事委托出席和缺席董事会的次数较少，表现得更为勤勉；（2）在抑制企业违规方面，本章并没有找到女性独立董事能更好发挥治理作用的证据；（3）上市公司所在地的法治水平有助于抑制企业违规行为；（4）然而，女性独立董事的存在，削弱了法治水平对企业违规的抑制作用。

相比较现有的文献，本章的研究贡献在于：首先，本章详细比较了女性独立董事与男性独立董事在教育水平、年龄、兼任独立董事个数、薪酬以及出席会议等方面的差异，这有助于深入地理解性别导致的独立董事在履行监督职能时存在的差异。其次，现有研究主要考察了女性高管在风险偏好、会计政策、CEO 变更业绩敏感性和高管薪酬等公司治理方面是否与男性存在差异。本章以企业违规为切入点，丰富了女性独立董事治理绩效的相关文献。最后，法治水平对企业违规的影响也为宏观环境影响企业微观行为提供了证据。

第一节　理论分析与假设提出

公司治理的良好表现之一是，能够集思广益以便形成科学决策（丰达和 Sassalos，2000）。由于受到共同价值观的约束，同质的董事会成员往往很难意识到彼此思想的趋同性。多元化的董事会凭借更丰富的信息咨询和资源纽带，可以为公司决策做出更全面、更彻底的评估。施雷德等人（1997）将女性董事的人力资本视为公司的一种关键资源，认为女性董事的人力资本为董事会的决策提供了多元化的视角，从而提升了团队的决策质量。Zelechowski 和 Bilimoria（2004）同样认为，由于对工作场所、市场定位以及公共社区不同于男性的领悟和解读，女性董事能够为决策制定提供不同的观点和视角。

有关女性董事在公司治理中的作用，现有文献主要从 CEO 变更业绩敏感性、董事会薪酬等方面进行了讨论。如 Adams 和 Ferreira（2004）基于 1998 年 1024 家美国公司的研究发现，女性董事所占比例较高的公司更倾向于为董事提供绩效导向的薪酬契约。Adams 和 Ferreira（2009）基于 1996—2003 年标准普尔公司的研究发现，相对于男性董事来说，女性董事有更好的会议出席记录。随着董事会性别多样化的增加，男性董事会议缺席现象有所改善。作者进一步发现，性别多样化的董事会在监督中投入了更多的精力，该类公司的 CEO 变更业绩敏感性更强、董事会成员基于股权的薪酬也更高。以上结果支持了女性董事有助于促进公司治理的观点。然而，作者同样发现，性别多样化对公司业绩有着负面影响。尼耳森和休斯（2010）认为，女性董事可以通过减少冲突从而提高董事会的有效性。周泽将（2014a）基于女性关怀主义伦理研究发现，女性董事显著提高了上市公司的慈善捐赠水平。

《中华人民共和国证券法》第一百九十三条规定："发行人、上市公司或者其他信息披露义务人未按照规定披露信息，或者所披露的信息有虚假记载、误导性陈述或者重大遗漏的，责令改正，给予警告，并处以三十万元以上六十万元以下的罚款。对直接负责的主管人员和其他直接责任人员给予警告，并处以三万元以上三十万元以下的罚款。"独立董事作为董事会成员，同样适用上述法律规定。在中国证监会网站上披露的，由于企业违规而遭受行政处罚的公司成员中，也不乏独立董事的身影。如由于信息披露违规而受到行政处罚的"深圳市深信泰丰（集团）股份有限公司"[1]"四环药业股份有限公司"[2]"宝安鸿基地产集团股份有限公司"[3]"福建昌源投资股份有限公司"[4] ……的时任独立董事都受到不同程度的警告和罚款。

除承担法律责任外，独立董事因为任职企业违规而承担的连带责任还包括声誉上的损失（Quan 和 Li，2017）。如担任的董事职位数量明显减少（辛清泉等，2013）。由于女性董事在监督管理层时表现出明显的稳健性（Francis et al.，2009；Chava 和 Purnanandam，2010；Liu et al.，2016）和风险厌恶特征（祝继高等，2012）。我们预期，女性独立董事对企业违规的容忍度也会更低，从而会采取更为严格的公司治理措施。基于以上分析，在此提出本章的第一个假说：

H4 - 1：其他条件一定的情况下，女性独立董事任职的上市公司企业违规概率显著更低。

---

① http：//www.csrc.gov.cn/pub/zjhpublic/G00306212/200804/t20080418_ 14224.htm.

② http：//www.csrc.gov.cn/pub/zjhpublic/G00306212/200906/t20090614_ 107654.htm.

③ http：//www.csrc.gov.cn/pub/zjhpublic/G00306212/201303/t20130321_ 222506.htm.

④ http：//www.csrc.gov.cn/pub/zjhpublic/G00306212/200804/t20080418_ 14307.htm.

La Porta et al. (1998) 开创的 "法与金融" 的文献在国家层面上分析了各国法律与金融发展之间的关系，论证了法律对投资者和债权人的保护能够促进金融市场和金融中介的发展，进而促进企业投资和经济增长的观点。法律对企业投资和经济增长的作用，源于法律对契约各方合法权益的保护。在现代经济社会中，任何交易的完成都需要契约（显性的或隐性的）的支撑，契约主要通过基于声誉的私人执行机制以及基于法律的第三方公开执行机制来实施，但法律机制更为基础，因为声誉机制在契约执行中发挥的作用同样离不开法律刚性的制度框架的支撑。

企业违规从本质上来讲，是企业与国家之间的契约关系被破坏。《中华人民共和国证券法》规定了证券发行和交易主体在交易活动中需要遵守的法规，这一法规如同国家与所有证券发行和交易主体之间签订的一项契约。一旦证券发行和交易主体违背了契约的内容，中国证券会将有权代表国家对其进行行政处罚。20 世纪 70 年代末以来，中国开始的市场化改革取得了举世瞩目的成功，但中国各地区的经济发展水平并不平衡，法治化水平差异明显（樊纲等，2011）。这为我们检验不同法治水平下，企业契约执行的效果差异提供了条件。我们预期，良好的法治环境通过增加企业违规行为被发现以及被处罚的可能性，从而会对违规行为产生一定的约束。同时，由于女性对风险明显的厌恶态度，在法治环境好的地区，女性独立董事会表现得更为谨慎。基于以上分析，在此提出本章的第二个假说：

> H4 - 2：其他条件一定的情况下，上市公司所在地的法治水平有助于抑制企业违规；法治水平的差异也会对女性独立董事的监督职能产生影响。

第二节　研究设计

一　研究样本与数据来源

由于证监会在 2002 年才强制要求上市公司聘请独立董事，而通常企业违规的发生年份和披露年份存在较大时差，综合考虑数据的可获得性和违规信息的滞后性，我们选取我国 A 股上市公司 2002—2009 年的数据为初始样本。违规数据从中国证监会网站上通过手工整理得到；法律环境数据取自樊纲等（2011）、王小鲁等（2017）《中国市场化指数》中的市场中介组织发育和法律制度环境指数；财务数据来源于国泰安 CSMAR 数据库，部分缺失数据由作者根据年报补充得到。对于初始样本，我们进行了如下筛选：（1）剔除金融保险类的上市公司；（2）剔除数据缺失样本。最终得到 9961 个公司年观测值。为了避免极端值的影响，我们对所有连续变量上下两侧各 1% 的观测值进行了 Winsorize 处理。本章数据处理使用 EXCEL 和 STATA 计量分析软件进行。

二　模型设定与变量定义

对于研究假设 H4 - 1，我们通过构建回归模型（4—1）进行检验。为了减轻内生性的问题，我们对所有解释变量进行滞后一期处理。如果假设 H4 - 1 成立，则模型（4—1）中 b_1 系数显著为负。

$$Logit\ (Violation_t)\ = a + b_1 \times Gender_{t-1} + b \times \sum Control_{t-1} + e_{t-1}$$

$$(4—1)$$

对于研究假设 H4 - 2，我们通过构建回归模型（4—2）进行检验。为了减轻内生性的问题，我们对所有解释变量进行滞后一期处理。如果假设 H4 – 2 成立，则模型（4—2）中 b_2 和 b_3 系数均显著为负。

$$Logit\ (Violation_t)\ = a + b_1 \times Gender_{t-1} + b_2 \times Index\_\ Leg_{t-1} + b_3 \times$$

$$Gender_{t-1} \times Index\_\ Leg_{t-1} + b \times \sum_{t-1} Control_{t-1} + e_{t-1} \qquad (4—2)$$

模型涉及的主要变量定义如下：

1. 被解释变量

企业违规哑变量（Violation）。中国证券监督管理委员会网站上披露了关于违规而遭受行政处罚的信息，其中包括虚假记载、重大遗漏、虚增收入、虚增利润、未按规定披露信息和内幕交易等[①]。如果上市公司当年出现违规行为，并受到证监会的行政处罚，则 Violation 取值为 1，否则取值为 0。

2. 解释变量

（1）女性独立董事（Gender）。我们使用女性占所有独立董事的比例（Gender_ P）、女性独立董事的数量（Gender_ N）和女性独立董事哑变量（Gender_ D）三种方法来综合度量女性独立董事。

（2）法治水平（Index_ Leg）。本章使用樊纲等（2011）、王小鲁等（2017）市场化指数中的"中介组织发育和法律制度环境"来衡量法治水平。具体来说，如果上市公司所在省份的"中介组织发育和法律"得分高于当年所有上市公司得分中值，则 Index_ Leg 取值为 1，否则取值为 0。

3. 控制变量

参照相关文献，本章对独立董事层面和公司层面的变量进行了控制。其中，独立董事层面的变量包括：独立董事的平均教育水平（Education）和平均年龄（Age）。公司层面的变量包括：企业规模（Lnsize）、财务杠杆（LEV）、盈利能力（ROA）、成长能力

----

① 企业违规大多涉及在信息披露违规领域，内幕交易仅占违规样本的 5.4%。

（*Growth*）、股权性质（*SOE*）、董事长和总经理两职合一（*Dual*）、独立董事比例（*Indirector*）、审计质量（*Big*4）、股权集中度（*Zindex*）、业务复杂度（*Complex*）、行业竞争程度（*Compete*）、上市年限（*List_ Age*）、行业（*Industry*）和年份（*Year*）等。具体变量的定义方法参见表4—1。

表4—1　　　　　　　　　　**主要变量的定义和说明**

变量符号	变量说明
被解释变量	
Violation	企业违规哑变量：若上市公司当年出现违规行为则取值为1，否则取值为0
解释变量	
Gender	女性独立董事：使用相对比例、绝对人数和哑变量三种方法度量
Index_ Leg	法治水平哑变量：若上市公司所在省份当年法治水平高于中值，则取值为1，否则取值为0
控制变量	
Education	独立董事教育水平：首先对每个独立董事教育水平进行赋值：博士为5，硕士为4，本科为3，大专为2，其他为1；然后取所有独立董事教育水平的平均值
Age	独立董事年龄：对所有独立董事的平均年龄取自然对数
Lnsize	公司规模：公司年末总资产的自然对数
LEV	财务杠杆：总资产负债率＝期末负债总额/期末总资产
ROA	盈利能力：总资产报酬率＝净利润/期末总资产
Growth	成长能力：总资产增长率＝（期末总资产－期初总资产）/期初总资产
SOE	产权性质哑变量：当上市公司为国有企业时，SOE取值为0，否则取值为1
Dual	两职合一哑变量：董事长和总经理两职合一则取值为1，否则取值为0
Indirector	独立董事比例：独立董事所占比例

变量符号	变量说明
Big4	审计质量哑变量：若公司当年聘请四大会计师事务所①，则取值为1，否则取值为0
Zindex	股权集中度：第一大股东与第二大股东持股比例的比值
Complex	业务复杂度：上市公司涉及行业的个数
Compete	行业竞争程度：营业收入最高的前三大公司占所在行业总收入比例的平方和
List_Age	上市年限：公司上市年限取自然对数，其中上市当年为第1年
Industry	行业虚拟变量，CSRC标准
Year	年份虚拟变量

第三节　实证结果与分析

一　样本描述性特征

表4—2报告了企业违规和女性独立董事的时间分布特征。由表中数据可知，观测期内违规样本占总样本的2.73%，也就是说，在2003—2010年②，平均每100家上市公司就有3家存在违规现象。由于违规行为较为隐蔽，同时查处周期较长，因此，这一数据存在很大的滞后性，这也是违规样本随着时间推移呈现递减趋势的原因。样本期内，有33.31%的上市公司至少聘请了一名女性独立董事③，同时这一比例大致呈现出逐年增大的趋势。这说明，随着时间推移，越来越多的上市公司出现了女性独立董事的身影。

---

① 由于早期数据包括安达信事务所，为行文方便，我们对国际"四大"和"五大"，统称"四大"。具体地，当上市公司聘请以下会计师事务所时，big4取值为1，否则取值为0，安达信华强、毕马威华振、安永华明、德勤华永、普华大华、中信华道、普华永道中天。

② 由于我们对所有解释变量和控制变量进行了滞后一期处理，因此，2002年Violation的观测值实际对应的是2003年的数据，其他年份依次类推。

③ 此处统计口径为公司层面，引言中报告的统计口径为独立董事个人层面。

表 4—2　　　　　　　　　　　　样本描述性特征

年份	总观测值	发生违规的公司		有女性独立董事的公司	
		观测值	占比	观测值	占比
2002	1146	63	5.50%	263	22.95%
2003	1223	60	4.91%	385	31.48%
2004	1274	37	2.90%	428	33.59%
2005	1269	34	2.68%	429	33.81%
2006	1267	29	2.29%	425	33.54%
2007	1280	22	1.72%	445	34.77%
2008	1237	18	1.46%	461	37.27%
2009	1265	9	0.71%	482	38.10%
总计	9961	272	2.73%	3318	33.31%

　　图 4—1 按照证监会发布的《上市公司行业分类指引》①，展现了各行业中至少聘请一名女性独立董事的上市公司比例情况。从图形分布可以看出，各行业中至少聘请一名女性独立董事的上市公司所占比例介于 27.20% 和 58.33% 之间，这说明女性担任独立董事在一定程度上已经得到大多行业的认可，但仍然存在行业差异。其中，聘请比例最低的三个行业为：G 房地产行业（27.20%）、A 农、林、牧、渔业（27.71%）和 B 采掘业（28.49%）；最高的三个行业为：D 电力、煤气及水的生产和供应业（42.36%）、C3 造纸、印刷（45.34%）和 C2 木材、家具（58.33%）。这些行业分布差异与男女性各自擅长的领域相吻合。

---

　　① 各代码对应的行业名称如下：A 农、林、牧、渔业；B 采掘业；C 制造业，C0 食品、饮料，C1 纺织、服装、皮毛，C2 木材、家具，C3 造纸、印刷，C4 石油、化学、塑胶、塑料，C5 电子，C6 金属、非金属矿物，C7 机械、设备、仪表，C8 医药、生物制品，C9 其他制造业；D 电力、煤气及水的生产和供应业；E 建筑业；F 交通运输、仓储业；G 房地产业；H 批发和零售贸易；I 金融、保险业；J 房地产业；K 社会服务业；M 综合类。

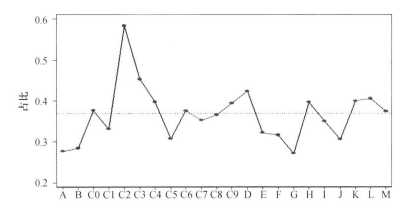

图4—1 女性独立董事的行业分布情况

二 变量描述性统计

表4—3报告了所有变量的描述性统计结果。在样本期内，共有 2.7%的上市公司出现了违规行为并受到证监会的处罚。有33.3%的 上市公司至少聘请了一名女性独立董事，女性独立董事所占的平均 比例为11.7%，最高比例达100%，最大人数为4人。独立董事的平 均教育水平介于本科与硕士之间。独立董事的年龄差异较大，最小 为36岁，最大为68岁。有50%的上市公司总资产收益率为负，表现 出较差的盈利能力。国有企业占总样本的70.4%。12.1%的上市公 司董事长和总经理由一人担任。独立董事所占的平均比例为35.1%， 超过了证监会要求的30%的比例。5.9%的上市公司聘请了国际四大 会计师事务所。上市公司股权集中度普遍较高，50%以上的上市公司 第一大股东持股比例是第二大股东持股比例的5倍，且最高达383.2 倍。上市公司经营业务涉及的行业平均为3.8个，最高达9个。

表4—3 变量描述性统计

	N	均值	标准差	最小值	P25	中位数	P75	最大值
Panel A：被解释变量								
Violation	9961	0.027	0.163	0	0	0	0	1

续表

	N	均值	标准差	最小值	P25	中位数	P75	最大值
Panel B：考察变量								
Gender_ P	9961	0.117	0.184	0	0	0	0.250	1
Gender_ N	9961	0.386	0.591	0	0	0	1	4
Gender_ D	9961	0.333	0.471	0	0	0	1	1
Index_ Leg	9961	0.530	0.499	0	0	1	1	1
Panel B：控制变量								
Education	9961	3.804	0.627	1	3.333	3.857	4.333	5
Age	9961	3.909	0.136	3.593	3.816	3.912	4.001	4.214
Lnsize	9961	21.36	1.134	18.50	20.63	21.27	22.00	25.01
LEV	9961	0.553	0.360	0.079	0.379	0.519	0.649	3.179
ROA	9961	− 0.013	0.094	− 0.588	− 0.019	0	0.023	0.174
Growth	9961	0.126	0.285	− 0.510	− 0.019	0.076	0.209	1.460
SOE	9961	0.296	0.457	0	0	0	1	1
Dual	9961	0.121	0.326	0	0	0	0	1
Indirector	9961	0.351	0.082	0.154	0.333	0.333	0.375	0.667
Big4	9961	0.059	0.236	0	0	0	0	1
Zindex	9961	27.67	61.13	1.016	1.874	5.682	22.31	383.2
Complex	9961	3.835	1.772	1	2.500	3.667	5	9.222
Compete	9961	0.057	0.070	0.007	0.019	0.033	0.070	0.473
List_ Age	9961	2.052	0.579	0	1.792	2.197	2.485	2.890

三 单变量检验

表4—4报告了企业违规样本与非违规样本间所有变量的均值和中值检验结果。单变量的检验结果表明，女性独立董事所占比例越大（人数越多）的上市公司反而发生了更多的违规行为；上市公司所在地的法治水平越高，企业越不容易发生违规行为；女性独立董事哑变量则不显著。单变量的检验结果印证了研究假说 H4 − 2 的部分预测，研究假说 H4 − 1 则没通过检验。其他变量的检验结果显示：违规公司中独立董事的平均年龄显著小于非违规公司。违规公

司的规模更小、财务杠杆更大、盈利能力和成长能力更差、独立董事所占比例越小、更少聘请四大会计师事务所、股权集中度更低、上市年限更短，同时也更容易发生在非国有企业中。

表4—4　　　　　　　　　　　　　单变量检验

变量	违规公司			非违规公司			均值 T 检验	中值 Z 检验
	N	均值	中值	N	均值	中值		
Gender_ P	272	0.151	0	9689	0.117	0	3.079 ***	1.851 *
Gender_ N	272	0.460	0	9689	0.383	0	2.096 **	1.459
Gender_ D	272	0.364	0	9689	0.332	0	1.095	1.095
Index_ Leg	272	0.438	0	9689	0.532	1	− 3.096 ***	− 3.095 ***
Education	272	3.752	3.750	9689	3.805	3.857	− 1.373	− 1.230
Age	272	3.857	3.841	9689	3.910	3.912	− 6.433 ***	− 6.437 ***
Lnsize	272	20.98	20.97	9689	21.37	21.28	− 5.550 ***	− 5.420 ***
LEV	272	0.597	0.572	9689	0.552	0.518	2.024 **	3.344 ***
ROA	272	− 0.036	− 0.010	9689	− 0.012	0	− 4.206 ***	− 6.431 ***
Growth	272	0.077	0.056	9689	0.127	0.077	− 2.867 ***	− 2.960 ***
SOE	272	0.515	1	9689	0.290	0	8.030 ***	8.004 ***
Dual	272	0.151	0	9689	0.120	0	1.549	1.549
Indirector	272	0.329	0.333	9689	0.351	0.333	− 4.267 ***	− 4.357 ***
Big4	272	0.033	0	9689	0.060	0	− 1.858 *	− 1.858 *
Zindex	272	14.85	3.077	9689	28.03	5.744	− 3.508 ***	− 5.298 ***
Complex	272	3.669	3.350	9689	3.839	3.673	− 1.568	− 1.949 *
Compete	272	0.053	0.032	9689	0.058	0.033	− 1.025	− 0.842
List_ Age	272	1.970	2.079	9689	2.054	2.197	− 2.345 **	− 4.682 ***

注：* 、* * 、* * * 分别表示在 10% 、5% 和 1% 的显著性水平异于 0（双尾）。

四　相关系数检验

表4—5 报告了主要变量间的皮尔森（左下部分）及斯皮尔曼（右上部分）相关性系数矩阵。相关系数检验结果与表4—4 单变量

表 4—5   相关系数矩阵

	Violation	Gend-er_P	Ind-ex_Leg	Education	Age	Lnsize	LEV	ROA	Growth	SOE	Dual	Indirector	Big4	Zindex	Complex	Compete	List_Age
Violation		0.019a	-0.031c	-0.018a	0.067c	-0.054c	0.034c	-0.064c	-0.030c	0.080c	0.014	-0.044c	-0.019a	-0.053c	-0.020a	0.024b	0.072c
Gend-er_P	0.031c		-0.018a	-0.124c	0.089c	-0.056c	0.006	-0.011	-0.016	0.043c	0.027c	0.052c	-0.028c	-0.022b	-0.019a	-0.026c	0.043c
Ind-ex_Leg	-0.031c	-0.031c		-0.012	0.062c	0.089c	0.121c	-0.014	0.076c	0.007	0.006	0.014	0.048c	0.104c	0.116c	0.027c	0.083c
Education	-0.014	-0.124c	-0.020b		-0.360c	0.069c	-0.014	0.062c	0.066c	-0.028c	-0.039c	0.021b	0.044c	-0.059c	0.072c	0.046c	-0.007
Age	-0.064c	-0.097c	0.062c	-0.361c		0.212c	-0.146	-0.045c	0.054c	0.144c	0.027c	0.052c	0.034c	-0.056c	0.063c	0.040c	0.048c
Lnsize	-0.056c	-0.075c	0.089c	0.069c	0.233c		0.121c	0.240c	-0.011	-0.099c	0.014	0.103c	0.278c	0.180c	0.207c	0.117c	0.187c
LEV	0.020b	0.010	0.139c	-0.014	-0.146	0.248c		-0.332c	-0.011	0.064c	0.012	0.096c	-0.048c	-0.076c	0.032c	-0.020b	-0.070c
ROA	-0.042c	-0.017a	-0.014	0.062c	-0.045c	0.240c	-0.437c		0.364c	-0.064c	-0.011	0.004	0.098c	0.048c	0.040c	0.001	-0.070c
Growth	-0.029c	-0.018a	0.076c	0.066c	0.054c	-0.132c	-0.011	0.335c		-0.041c	-0.040c	-0.021b	0.071c	0.047c	0.053c	0.017a	-0.192c
SOE	0.080c	0.045c	0.007	-0.035c	0.144c	-0.099c	0.064c	-0.064c	-0.041c		-0.055c	-0.040c	0.097c	0.110c	0.020b	0.024b	0.072c
Dual	0.016	0.039c	0.006	0.066c	-0.056c	-0.040c	0.012	-0.011	-0.040c	-0.055c		0.035c	-0.023b	-0.045c	-0.002	-0.006	-0.006
Indirector	-0.044c	0.019a	0.014	0.020b	-0.054c	0.103c	0.096c	0.004	-0.021b	-0.021b	0.041c		0.033c	-0.050c	0.018a	0.070c	0.206c
Big4	-0.019c	-0.027c	0.048c	0.044c	0.034c	0.278c	-0.048c	0.098c	0.071c	0.097c	-0.023b	0.033c		0.098c	0.049c	0.052c	-0.046c
Zindex	-0.035c	-0.017a	0.104c	-0.059c	-0.056c	0.180c	-0.076c	0.048c	0.047c	0.110c	-0.045c	-0.050c	0.098c		-0.038c	0.001	-0.046c
Complex	-0.016	-0.015	0.116c	0.072c	0.063c	0.207c	0.032c	0.040c	0.053c	0.020b	-0.002	0.018a	0.049c	-0.038c		0.054c	-0.029c
Compete	-0.010	-0.044c	0.027c	0.046c	0.040c	0.117c	-0.020b	0.001	0.017a	0.024b	-0.006	0.070c	0.052c	0.001	0.054c		0.006
List_Age	-0.023b	0.038c	0.083c	-0.007	0.048c	0.187c	-0.070c	-0.070c	-0.192c	0.072c	-0.006	0.206c	-0.046c	-0.046c	-0.029c	0.006	

注：a、b、c 分别表示变量间 Pearson（左下部分）及 Spearman（右上部分）相关性检验在 10%、5%、1% 水平上显著异于 0（双尾）。

检验结果一致：女性独立董事比例①与企业违规行为在 1% 的水平上呈显著正相关关系；法治水平与企业违规行为在 1% 的水平上呈显著负相关关系。变量相关性检验结果再次印证了本章假说 H4 - 2 的部分推断，假说 H4 - 1 仍然没有通过验证。此外，除了财务杠杆（LEV）与盈利能力（ROA）之间 Pearson 相关系数为 - 0.437 以外，其他各变量间相关系数的绝对值均不超过 0.4，这说明解释变量、控制变量之间均不存在高度的相关关系。本章接下来将进一步控制其他变量，进行多元回归分析。

五 女性独立董事特征分析

表 4—6 报告了女性独立董事与男性独立董事的个体及行为特征差异。从中可以看出，女性独立董事与男性独立董事的平均教育水平均介于本科与硕士之间，但男性的平均教育水平显著更高；并且有 42.1% 的男性独立董事第一学历为 985 高校，而女性独立董事的这一比例仅为 27.3%。同时，女性独立董事的平均年龄和薪酬均显著低于男性，这说明上市公司对女性独立董事的年龄和报酬要求更为苛刻。女性兼任的独立董事个数也显著少于男性。女性独立董事委托出席和缺席董事会的次数也显著少于男性，女性表现得更为勤勉。这一结果与 Adams 和 Ferreira（2009）的研究结论相一致。

表 4—6　　　　　　　　　　女性独立董事特征分析

变量	女性独立董事			男性独立董事			均值 T 检验	中值 Z 检验
	N	均值	中值	N	均值	中值		
教育水平	3904	3.574	4	29689	3.846	4	- 16.84 ***	- 16.94 ***
第一学历来自 985	2160	0.273	0	18467	0.421	0	- 13.32 ***	- 13.26 ***
年龄	3990	48.02	47	30383	51.29	49	- 18.52 ***	- 17.50 ***

---

① 由于女性独立董事比例、数量和哑变量三者高度相关，在表 4—5 相关系数矩阵中我们仅放入了比例变量（Gender_ P）。

续表

变量	女性独立董事			男性独立董事			均值 T 检验	中值 Z 检验
	N	均值	中值	N	均值	中值		
兼任独立董事个数	3995	1.370	1	30383	1.630	1	−15.46 ***	−16.17 ***
薪酬（万元）	3600	4.116	3.500	27478	4.649	4.000	−7.068 ***	−10.85 ***
委托出席董事会次数	3165	0.056	0	23602	0.060	0	−1.695 *	−2.525 **
缺席董事会次数	3167	0.011	0	23615	0.013	0	−1.590	−1.842 *

注：*、* *、* * *分别表示在 10%、5% 以及 1% 水平上显著异于 0（双尾）。

六　多元回归分析

表 4—7 报告了研究假说 H4 - 1 的回归结果，回归模型为 Logit 统计模型。模型（4—11）、模型（4—12）和模型（4—13）的被解释变量均为企业违规哑变量（*Violation*），考察变量分别为女性独立董事比例（*Gender_ P*）、女性独立董事数量（*Gender_ N*）和女性独立董事哑变量（*Gender_ D*）。在计算回归方程的标准差时，我们对上市公司进行了聚类（Cluster），用来控制同一公司间的组内相关性。三个模型的调整 R 方均介于 0.106 和 0.108 之间，拟合优度较好。在三种度量方式下，女性独立董事与企业违规行为均不显著。这说明女性独立董事并没有对上市公司违规行为起到更好的治理作用，本章研究假说 H4 - 1 没有通过检验。控制变量的回归结果显示：独立董事平均年龄较小的上市公司出现违规行为的概率更小，这很可能是因为年龄小的独立董事更需要维护自身的声誉。同时，成长能力较差、股权集中度较低的上市公司也更容易出现违规行为，企业违规行为也更容易出现在非国有企业中。

表 4—7　　　　　　　　　　**女性独立董事与企业违规**

变量名称	变量符号	模型（4—11）	模型（4—12）	模型（4—13）
女性独立董事比例	*Gender_ P*	0.801		

续表

变量名称	变量符号	模型（4—11）	模型（4—12）	模型（4—13）
		（1.522）		
女性独立董事人数	Gender_N		0.267	
			（1.523）	
女性独立董事哑变量	Gender_D			0.178
				（0.867）
独立董事教育水平	Education	−0.124	−0.128	−0.150
		（−0.729）	（−0.759）	（−0.894）
独立董事年龄	Age	−1.690**	−1.708**	−1.799**
		（−2.117）	（−2.147）	（−2.274）
公司规模	Lnsize	0.046	0.041	0.041
		（0.380）	（0.342）	（0.339）
财务杠杆	LEV	0.028	0.029	0.022
		（0.137）	（0.141）	（0.109）
盈利能力	ROA	−0.476	−0.488	−0.485
		（−0.775）	（−0.792）	（−0.787）
成长能力	Growth	−0.512*	−0.509*	−0.508*
		（−1.902）	（−1.883）	（−1.877）
产权性质	SOE	0.869***	0.870***	0.867***
		（4.215）	（4.224）	（4.206）
两职合一	Dual	0.119	0.122	0.134
		（0.406）	（0.416）	（0.455）
独立董事比例	Indirector	−0.401	−0.635	−0.510
		（−0.316）	（−0.492）	（−0.398）
审计质量	Big4	−0.289	−0.298	−0.274
		（−0.549）	（−0.564）	（−0.523）
股权集中度	Zindex	−0.005**	−0.005**	−0.005**
		（−2.050）	（−2.045）	（−2.061）
业务复杂度	Complex	−0.032	−0.033	−0.033
		（−0.444）	（−0.447）	（−0.457）
行业竞争度	Compete	−0.572	−0.563	−0.675
		（−0.201）	（−0.195）	（−0.239）

变量名称	变量符号	模型 (4—11)	模型 (4—12)	模型 (4—13)
上市年限	*List_ age*	0.180	0.184	0.186
		(0.924)	(0.944)	(0.951)
截距项	*Constant*	0.466	0.700	1.165
		(0.117)	(0.178)	(0.298)
年度/行业	*Industry & Year*	Control	Control	Control
观测数	Obs#	9961	9961	9961
调整后 R^2	Pseudo R^2	0.108	0.108	0.106
卡方值	LR chi2	199.9	198.8	203.3

注: * 、 * * 、 * * * 分别表示在 10% 、5% 以及 1% 水平上显著异于 0 (双尾)。

表 4—8 报告了研究假说 H4 - 2 的回归结果, 回归模型同样为 Logit 统计模型。模型 (4—21)、模型 (4—22) 和模型 (4—23) 的被解释变量均为企业违规哑变量 (*Violation*), 考察变量在模型 (4—11)、模型 (4—12) 和模型 (4—13) 的基础上加入了法治环境哑变量 (*Index_ Leg*) 及与其对应的女性独立董事变量的交互项。在计算回归方程的标准差时, 我们同样对上市公司进行了聚类 (Cluster), 用来控制同一公司间的组内相关性。三个模型的调整 R 方均介于 0.112 和 0.113 之间, 拟合优度较好。在三种度量方式下, 女性独立董事变量与企业违规行为仍然不显著, 法治水平哑变量与企业违规行为均在 5% 的水平上呈显著负相关关系; 同时, 女性独立董事与法治水平的交互项均至少在 10% 的水平上显著为正。这说明, 上市公司所在地的法治水平有助于抑制企业违规行为, 上市公司所在地的法治环境越好, 企业违规行为出现的概率越小, 但女性独立董事对这方面的抑制作用有所削弱。本章研究假说 H4 - 2 部分通过验证。控制变量的回归结果均与表 4—7 相一致。

表 4—8　　　　　　　　法治环境、女性独立董事与企业违规

变量名称	变量符号	模型（4—21）	模型（4—22）	模型（4—23）
女性独立董事比例	$Gender\_P$	0.020		
		（0.031）		
两项交乘	$Gender\_P * Index\_Leg$	1.632 *		
		（1.780）		
女性独立董事人数	$Gender\_N$		0.005	
			（0.020）	
两项交乘	$Gender\_N * Index\_Leg$		0.550 *	
			（1.797）	
女性独立董事哑变量	$Gender\_D$			−0.182
				（−0.721）
两项交乘	$Gender\_D * Index\_Leg$			0.787 **
				（2.092）
法治水平	$Index\_Leg$	−0.554 **	−0.559 **	−0.592 **
		（−2.123）	（−2.148）	（−2.244）
独立董事教育水平	$Education$	−0.116	−0.122	−0.142
		（−0.680）	（−0.722）	（−0.842）
独立董事年龄	Age	−1.557 **	−1.599 **	−1.675 **
		（−1.952）	（−2.014）	（−2.116）
公司规模	$Lnsize$	0.068	0.059	0.066
		（0.549）	（0.475）	（0.535）
财务杠杆	LEV	0.055	0.054	0.043
		（0.263）	（0.255）	（0.206）
盈利能力	ROA	−0.372	−0.405	−0.426
		（−0.585）	（−0.638）	（−0.673）
成长能力	$Growth$	−0.527 **	−0.512 *	−0.516 *
		（−1.949）	（−1.883）	（−1.902）
产权性质	SOE	0.873 ***	0.872 ***	0.872 ***
		（4.263）	（4.263）	（4.254）
两职合一	$Dual$	0.123	0.124	0.143
		（0.421）	（0.426）	（0.484）

变量名称	变量符号	模型 (4—21)	模型 (4—22)	模型 (4—23)
独立董事比例	*Indirector*	−0.129	−0.378	−0.275
		(−0.104)	(−0.299)	(−0.218)
审计质量	*Big4*	−0.232	−0.258	−0.219
		(−0.442)	(−0.487)	(−0.422)
股权集中度	*Zindex*	−0.005**	−0.005**	−0.005**
		(−2.055)	(−2.049)	(−2.074)
业务复杂度	*Complex*	−0.024	−0.023	−0.027
		(−0.333)	(−0.326)	(−0.384)
行业竞争度	*Compete*	−0.455	−0.468	−0.628
		(−0.156)	(−0.161)	(−0.221)
上市年限	*List_ age*	0.184	0.192	0.195
		(0.932)	(0.965)	(0.978)
截距项	*Constant*	−0.446	−0.038	0.223
		(−0.108)	(−0.009)	(0.055)
年度/行业	*Industry & Year*	Control	Control	Control
观测数	Obs#	9961	9961	9961
调整后 R^2	Pseudo R^2	0.108	0.108	0.106
卡方值	LR chi2	199.9	198.8	203.3

注: * 、 * * 、 * * * 分别表示在10% 、5% 以及 1% 水平上显著异于0 (双尾)。

七 稳健性检验

1. 改变研究样本。企业违规和女性独立董事的时间分布显示:随着年份的推移,企业违规行为呈现出逐年递减的趋势,而女性独立董事人数却呈现逐年递增的趋势。为了避免研究结论受到样本分布的影响,我们对模型 (4—1) 和模型 (4—2) 分年份重新进行了回归。在各年份的回归中①,考察变量均大致保持不变。

———————

① 出于篇幅考虑,正文中未对稳健性测试结果进行报告,如需查看,可向作者索要。

2. 剔除违规类型为内幕交易的样本重新进行回归。中国证券监督管理委员会网站上披露的违规公司中，有 94.6% 的上市公司涉及信息披露违规行为，5.4% 的上市公司涉及内幕交易行为。为了避免违规类型差异对研究结论的影响，我们剔除了所有违规类型为内幕交易行为的样本，重新对模型（4—1）和模型（4—2）进行了回归。各考察变量的回归结果均大致保持不变。

第四节　本章小结

以我国 2002—2009 年 A 股上市公司为样本，本章考察了女性独立董事的个体及行为特征，并且从企业违规的角度，检验了女性独立董事是否能够更好地发挥公司治理的作用，同时进一步检验了法治水平对这一影响的调节作用。研究结果显示：（1）女性独立董事的教育水平、年龄、兼任独立董事个数以及薪酬均显著低于男性独立董事，女性独立董事委托出席和缺席董事会的次数较少，表现得更为勤勉；（2）在抑制企业违规行为方面，本章并没有找到女性独立董事能更好发挥治理作用的证据；（3）上市公司所在地的法治水平有助于抑制企业违规行为；（4）然而，女性独立董事的存在，削弱了法治水平对企业违规行为的抑制作用。本章研究不仅丰富了公司违规行为方面相关的文献，同时也有助于深入地理解性别导致的独立董事在履行监督职能时存在的差异。在接下来的研究中，我们可以进一步研究女性独立董事的离职、独立董事意见等行为特征。

本章部分内容发表于中文期刊《管理科学》。具体信息如下：全怡、郭卿，"追名"还是"逐利"：独立董事履职动机之探究，管理科学，第 4 期，3—16，2017。

第五章

独立董事的激励问题研究

独立董事制度的出现，源于早期公司治理安排的失效，特别是董事会职能的失效。建立这一制度的初衷是，在股权高度分散的情况下，可以让独立董事代表全体股东对上市公司的经理人进行监督，来减少因为经理人的机会主义行为导致的代理问题（Fama 和 Jensen，1983）。从本质上讲，独立董事也是剩余索取者的代理人，与股东之间同样存在着委托代理关系。解决代理问题的根本在于存在一个合理的激励补偿机制，使代理人和委托人的利益尽可能一致（邵少敏等，2003）。遗憾的是，迄今为止几乎还未建立正式的关于独立董事报酬激励的相关理论。自 2001 年正式实施独立董事制度以来，我国上市公司对独立董事一直试行固定津贴[①]。由于固定津

[①] 《关于在上市公司建立独立董事制度的指导意见》规定，上市公司应当给予独立董事适当的津贴。津贴的标准应当由董事会制定预案，股东大会审议通过，并在公司年报中进行披露。除上述津贴外，独立董事不应从该上市公司及其主要股东或有利害关系的机构和人员取得额外的、未予披露的其他利益。

贴是事先约定的，而且不与业绩挂钩，一般来说不会对独立董事的独立性构成威胁。维持独立性也是监管部门实施固定薪酬的根本出发点。然而，独立董事作为经济个体往往需要激励报酬来强化其履责行动（董志强和蒲勇健，2006）。Fama（1980）、Fama 和 Jensen（1983）认为，独立董事受到人力资本市场的激励或约束，具有通过良好的履职表现向外界传递声誉的动机。

担任公司独立董事，可以同时获得经济收益和声誉激励。经济收益不仅指薪酬方面的正收益，而且包含成本方面（主要是时间成本）的负收益（周繁等，2008）。由于教育水平、性别、工作背景、社会资源、任职距离等个体间的差异，我们很难通过比较经济收益的多寡来判断独立董事履职到底是出于"经济动机"还是"声誉动机"。然而，零薪酬独立董事这一特殊样本为我们区分以上动机提供了天然场景。以沪、深两市 2002 年至 2015 年 A 股主板上市公司为样本，本章首先尝试从个人特征、公司特征和制度环境三个层面考察影响零薪酬独立董事的因素。在个人特征层面，文章主要从独立董事最核心的属性"独立性"切入；在公司特征层面，文章主要从履职风险切入；在制度环境层面，文章主要从市场化程度切入。其次，进一步从"追名"和"逐利"两个角度对独立董事履职动机进行探讨。研究结果显示：从个人特征来看，零薪酬更可能出现在独立性较强的董事中；从公司特征来看，零薪酬更可能出现在违规风险较低的公司；从制度环境来看，零薪酬更可能出现在市场化程度较高的地区。零薪酬独立董事在出席董事会时也更加勤勉，以上结论与"追名"动机的逻辑一致。进一步探索发现，会计背景的零薪酬独立董事能进一步甄别出财务风险更高的公司。由于存在自主选择，零薪酬独立董事任职公司的治理水平更高，其并未出具更多的否定意见。

本章的研究贡献与创新之处在于：首先，通过研究样本的选取，较好地对独立董事的"声誉激励"和"经济激励"进行了区分。不仅为独立董事"零薪酬"的现象提供了合理解释，同时也为声誉激励在影响独立董事履职中发挥的作用提供了直接的经验证据。其次，本章研究发现经济和声誉两种激励方式在不同独立董事个体中发挥的作用差异较大，这在一定程度上论证了固定薪酬可能存在一定的弊端。这说明上市公司应当根据自身所处的制度环境、风险水平以及每位独立董事的具体情况等，对不同独立董事设定差异化的薪酬水平，这样对监管部门完善独立董事激励机制、培育独立董事人才市场具有现实的指导意义。最后，丰富了高管薪酬领域的相关文献。

第一节　相关文献评述

一　独立董事薪酬研究

自 2001 年正式实施独立董事制度以来，我国上市公司对独立董事一直试行固定津贴。由于个体间薪酬差异较小，所以专门针对独立董事薪酬的研究并不普遍。在影响因素方面，杜胜利和张杰（2004）发现，独立董事薪酬受公司业绩、规模、第一大股东持股比例、独立董事工作时间和相对规模等因素的影响。沈艺峰和陈旋（2016）研究发现，在不考虑绩效的情况下，无论是在一定地理范围内、同行业里或一定规模上，上市公司在决定外部独立董事薪酬时均存在显著的"互相看齐"效应，即出现向地理上的中间距离、同一或相关行业或中等规模公司看齐的现象。在经济后果方面，现有文献大多认为薪酬多寡会对独立董事的监督行为产生影响。具体来说，唐雪松等（2010）研究发现，出于避免丢失席位或规避财富损失的动机，独立董事兼职的上市公司家数越少或从公司获得的报酬越高时，独立董事说"不"的可能性越低。叶康涛等（2011）认为，独立董事兼任的公司职位越多，担任独董职位获得的平均薪酬越高，则越倾向于对有问题的董事会议案提出公开质疑。郑志刚等（2017）研究发现，在控制了潜在影响因素和内生性问题后，高的独立董事薪酬水平能够显著改善上市公司的绩效。而独立董事薪酬差别化带来的效应仅在其平均薪酬水平较高时才能显现。江伟等（2013）却发现，薪酬委员会成员的平均报酬对总经理薪酬业绩的敏感性并不存在影响。

二　高管零薪酬研究

针对与"天价薪酬"相对的"零薪酬"或"一元薪酬"现象，洛雷罗等人（2014）认为，愿意领取一美元薪酬的 CEO，往往可以通过其他方式（如股票期权）弥补这一损失。哈姆等人（2015）则认为，CEO 愿意接受一美元薪酬，更多的是向市场传递其对公司发展前景的信心或愿意与公司共度时艰的决心。曹廷求和李晋（2014）针对中国样本的研究发现，CEO 领取零薪酬既不是为了掩饰其牟求私有收益的真实动机，也不是通过零薪酬来表明其与公司共渡难关的决心，而是一种对自己薪酬计划的理性选择。而领取零薪酬的 CEO 权力往往较大，且他们通常过度自信，CEO 所在公司的资产负债率更高且专业委员会数量更少，而且零薪酬计划在短期内对公司绩效具有显著的负面影响。作者认为，虽然领取零薪酬是 CEO 的理性选择，但对公司而言并不是一个很好的选择。

本章研究的独立董事"零薪酬"与现有文献中对董事长或总经理"零薪酬"或"一元薪酬"的考察存在较大差异。首先，"零薪酬"的董事长或总经理通常拥有公司一定的股权，货币化薪酬往往不是他们从任职公司获取报酬的唯一途径（Loureiro et al.，2014）。而监管部门明确规定，除领取固定津贴外，独立董事不应从该上市公司及其主要股东或有利害关系的机构和人员取得额外的、未予披露的其他利益。因此，独立董事并不存在与董事长或总经理类似的其他激励机制。其次，董事长或总经理"零薪酬"更多是向市场传递其对公司发展前景的信心或愿意与公司共度时艰的决心（Hamm et al.，2015），更多是一种随公司当前处境调整的阶段性现象。最后，董事长和总经理任期不存在时间限制使这一回报可以"来日方长"，但我国监管部门明确规定独立董事的连任时间不能超过六年。以上三方面的差异进一步凸显了本章研究的必要性和创新性。

第二节　理论分析与假设提出

一　个人特征与独立董事零薪酬

为什么要当独立董事？宁向东（2009）从普遍意义上概括了担任独立董事的两种收益：物质上的收益和精神上的收益，这两种收益分别体现为金钱和认同。认同，可以是公众的广泛认同，那就是"声誉"；也可以是少数人的肯定，称之为"关系认同"（宁向东，2009）。对于零薪酬独立董事来说，由于并不存在物质收益，从而只可能获得精神激励，即"声誉"和"关系认同"。如果独立董事的履职动机是为获取"声誉"，那么，独立董事更可能选择在能更好地发挥其治理作用的公司任职。独立董事最核心的属性即独立性（全怡，2017），独立性不仅被视为公司治理的灵魂（李维安等，2017），同时也一直被学术界和政策制定者视为衡量董事会质量的最重要指标之一（Fama，1980；Fama 和 Jensen，1983）。由于声誉机制能够激励独立董事维持其独立性（黄海杰等，2016），所以出于获取"声誉"的目的，独立性更强的上市公司更可能成为零薪酬独立董事的目标任职公司。相反，如果独立董事的履职动机为获取

"关系认同"，那么，独立董事更可能选择在与自身存在关联的公司任职。如距离更近、独立董事全职工作单位所在地、籍贯所在地的上市公司。如果出于获取"关系认同"的目的，独立性更弱的上市公司更可能成为零薪酬独立董事的目标任职公司。基于以上分析，我们从独立董事最核心的属性"独立性"这一个体特征层面提出本章的第一个竞争性假设：

　　H5-1a：其他条件一定的情况下，零薪酬独立董事更可能出现在独立性较强的董事中。

　　H5-1b：其他条件一定的情况下，零薪酬独立董事更可能出现在独立性较弱的董事中。

二　公司特征与独立董事零薪酬

总体说来，董事的任职成本分为两类：第一类为时间和精力的投入，第二类为声誉损失或失败成本，并以第二类为重（宁向东，2009）。随着我国证券市场的逐步规范化，监管部门对资本市场违规行为的处罚机制也日趋完善。独立董事承担着与其他董事相同的法律义务，对整个董事会做出的错误决策也担负着同等的责任。由于未能对任职公司的失当行为尽到勤勉尽责义务，而使独立董事招致监管处罚的现象时有发生。如辛清泉等（2013）统计结果显示：在2003年至2010年，我国沪深A股市场共有302人次的独立董事因任职公司的虚假陈述而招致监管处罚。Quan和Li（2017）统计结果显示：在2003年至2013年，我国沪深A股主板市场共有458人次的独立董事因任职公司的信息披露违规而招致证监会或交易所的处罚。一般来说，能够被聘请担任独立董事的人，大多是在某一个领域有较为成功的业绩和影响的专业人士（谭劲松等，2003）。如果因为上市公司的问题使其受到连带影响，他们的个人声誉由此受损，则是得不偿失的事情（宁向东等，2012）。于是，风险自然成为独立董事在接受聘任邀请时的首要考量因素①。在理性人假设下，独立董事任职具有规避风险的特征，独立董事不可能接受一个无任何经济回报但充满风险的职务。他们或者追求高风险、高报酬，或者追求低风险、低报酬（唐清泉，2006）。根据"低风险、低收益"的投资理念，如果独立董事主动放弃经济收益，则更可能选择低风险的公司任职。基于以上分析，我们从履职风险这一公司特征层面提出本章的第二个假设：

H5 - 2：其他条件一定的情况下，零薪酬独立董事更可能出现在履职风险较低的公司中。

三 制度环境与独立董事零薪酬

在现代经济社会中，任何交易的完成都需要契约（显性的或隐性的）的支撑，契约主要通过基于法律的第三方公开执行机制或声誉的私人执行机制来实施（全怡和姚振晔，2015）。《关于在上市公司建立独立董事制度的指导意见》（以下简称《指导意见》）规定了独立董事应当享有的权利和需要履行的义务，这一规定如同独立董事与任职公司之间达成的一项契约。对于享有的权利来说，《指导意见》明确规定，上市公司应当给予独立董事适当的津贴。可以说，经济收益是独立董事最直观且最具确定性的收益（周繁等，2008），并且通过法律的第三方公开执行机制（显性契约）来实现。如果独立董事主动放弃这一收益，仅仅选择声誉激励，则需要通过声誉的私人执行机制（隐性契约）来实施。这种隐性预期的稳定性、一致性、强度、存在的时长以及变化的方向，取决于其所

---

① 在2011年至2015年，零薪酬担任万科独立董事的华生在接受聘任邀请时也首要考虑了任职公司的风险特征，详见 http://www.927953.com/gpncdetail_170437.html。

处环境中的其他约束条件，譬如，法律环境、社会伦理以及反复博弈导致的信息不对称的程度变化，等等（陈冬华等，2008）。董志强和蒲勇健（2006）通过建立"全体股东/独立董事/大股东"三层代理模型，考察了独立董事与试图掏空企业资产的大股东之间潜在的合谋对独立董事报酬合约的影响。作者认为，在既没有完善的独董市场，也没有强有力的投资者法律保护的中国，有必要对独董支付激励报酬。换言之，如果制度环境较为完善，同时存在良好的声誉市场，则没有必要对独立董事支付激励报酬，甚至可以只进行声誉激励。基于以上分析，我们从市场化程度这一制度环境层面提出本章的第三个假设：

H5 - 3：其他条件一定的情况下，零薪酬独立董事更可能出现在市场化程度较高的地区中。

四　"追名"还是"逐利"：独董履职动机之探究

独立董事报酬是激励独立董事努力工作、发挥良好治理作用的重要手段，合理与否直接影响独立董事的履职积极性（罗党论等，2007）。这一观点同样得到其他学者的证实。如 Adams 和 Ferreira（2008）、里斯和穆亨利（2014）、全怡和陈冬华（2016）研究发现，薪酬可以在一定程度上激励独立董事投入更多精力。然而，周繁等（2008）和宁向东（2009）等却持相反的观点。周繁等（2008）认为，片面地强调独立董事的薪酬并不能达到对独立董事的激励效果，声誉机制更能实现对独立董事的激励约束作用。宁向东（2009）同样认为，对于相当数量的独立董事来说，通过其他渠道挣到董事薪金的可能性是很大的，所以，金钱报酬并不是吸引他们的主要动力，他们接受董事聘请的动力主要来自精神层面，来自对工作价值的满足感以及声誉上的考虑。如果独立董事的履职动机为"逐利",那么零物质回报将会大大削弱其履职积极性。相反,如果独立董事的履职动机为"追名",那么零物质回报并不会对其履职产生太大影响。基于以上分析,在此提出本章的第四个竞争性假设:

H5-4a("追名"动机):其他条件一定的情况下,零薪酬独立董事履职更加勤勉。

H5-4b("逐利"动机):其他条件一定的情况下,零薪酬独立董事履职更不勤勉。

第三节　研究设计

一　研究样本与数据来源

本章以证监会强制要求上市公司聘请独立董事的首年(2002年)为样本起点,并取 2015 年为样本终点。书中使用的独立董事个人信息和地址数据通过"百度"手工搜集整理得到。其他数据均来自国泰安 CSMAR 数据库,部分缺失数据由作者根据年报补充得到。本章样本筛选步骤如下:首先,筛选出任职期限超过一年,且任职期间未领取任何报酬(包括货币化报酬和股票期权)的 462 人次独立董事样本。其次,进一步剔除在金融行业任职的零薪酬独立董事样本 35 人次,存在其他数据缺失的样本 6 人次。接着,对于130 人次在当前任职公司未领取报酬的样本,我们使用其在其他领取公司报酬的 307 人次样本作为配对。对于 291 人次在所有任职公司均未领取报酬的样本,我们根据"相同年份、相同兼任个数、相同性别、相同年龄以及当前任职背景最接近"原则进行配对(在配对样本的选取中我们剔除了在同一公司任职期间,有些年份领取薪酬,有些年份未领取薪酬的样本)。最终得到 1019 人次的独立董事观测值。为避免极端值影响，我们对所有连续变量上下两侧各 1% 的观测值进行了 Winsorize 处理。本章数据处理使用 STATA 计量分析软件进行。

二 模型设定与变量定义

模型 5—1：检验零薪酬独立董事影响因素的多元回归模型为：

$$Zero\_pay = a_0 + a_1 \times Independent + a_2 \times Risk + a_3 \times Market +$$

$$a \sum Control + \varepsilon \qquad\qquad (5—1)$$

其中，$Zero\_pay$ 为零薪酬独立董事哑变量；$Independent$ 为独董独立性；$Risk$ 为履职风险；$Market$ 为制度环境；$Control$ 为表 5—1 中相应的控制变量；a_0 为截距项；$a_1 \sim a_3$ 为各解释变量的估计系数，分别衡量独立性、履职风险和制度环境对独立董事选择零薪酬的影响；a 为控制变量的估计系数；ε 为残差，表示不能被解释变量解释的部分。

模型 5—2：检验零薪酬独立董事履职勤勉度的多元回归模型为：

$$Meeting1/Meeting2/Meeting12 = b_0 + b_1 \times Zero\_pay +$$

$$b \sum Control + \varepsilon \qquad\qquad (5—2)$$

其中，$Meeting1$ 为委托出席董事会比例、$Meeting2$ 为缺席董事会比例、$Meeting12$ 为非亲自出席董事会比例，用来衡量独立董事履职勤勉度；$Zero\_pay$ 为零薪酬独立董事哑变量；$Control$ 为表 5—1 中相应的控制变量；b_0 为截距项；b_1 为考察变量的估计系数；b 为控制变量的估计系数；ε 为残差，表示不能被解释变量解释的部分。

模型涉及的主要变量定义如下：

1. 被解释变量

（1）零薪酬独董（$Zero\_pay$）。若独立董事在同一公司所有任职期间均未领取任何报酬（包括货币化报酬和股票期权），则 $Zero\_pay$ 取值为 1，否则取值为 0。这一定义方法较好地排除了由于中组部的规定使党政领导干部在企业兼职强制不得领薪的影响。

（2）履职勤勉度（*Meeting*12）。参照谭劲松等（2006）、Masulis 和 Mobbs（2014）、Quan 和 Chen（2016）、全怡和陈冬华（2016）等研究，本章使用非亲自出席董事会比例这一负向指标度量独立董事履职勤勉度。并进一步将该指标分解为委托出席董事会比例（*Meeting*1）和缺席董事会比例（*Meeting*2）。以上比例越大，则履职勤勉度越低。

2. 解释变量

（1）独董独立性（*Independent*）。本章使用独立董事全职工作单位与任职公司总部是否位于同一城市（*Indep_ same_ city*）以及对两地之间的空间距离取对数（*Indep_ distance*）来衡量独立董事的独立性。若位于同一城市，则独立性弱；空间距离越大，则独立性越强（Knyazeva et al.，2013）。

（2）履职风险（*Risk*）。已有研究发现，企业违规行为会给独立董事带来严重的负面影响，如董事职位数量明显减少等（辛清泉等，2013）。本章使用违规风险（*Risk_ violation*）作为衡量独立董事履职风险的第一个指标，若任职公司当年出现违规行为，则 *Risk_ violation* 取值为 1，否则取值为 0。同时，参照周繁等（2008）的研究，我们采用经当年行业中值调整后的修正的 Jones 模型计算的公司盈余管理程度（*Risk_ DA*）（Kothari et al.，2005）作为衡量独立董事履职风险的第二个指标。盈余管理程度越高，则会计信息风险越大，履职风险也越大。

（3）制度环境（*Market*）。本章使用樊纲等（2011）、王小鲁等（2017）各省区市场化指数总体评分来衡量上市公司总部所在地区的制度环境。具体来说，如果上市公司所在省份的市场化总体评分大于当年所有上市公司的得分中值，则 *Market* 取值为 1，否则取值为 0。按照以上定义方法，*Market* 取值为 1 的组为制度环境相对好的组，*Market* 取值为 0 的组为制度环境相对差的组。

以上三个变量均为模型（5—1）的解释变量，分别用来检验独董独立性、履职风险和制度环境对独立董事选择零薪酬的影响。模型（5—1）的被解释变量零薪酬独董（*Zero_ pay*）同时也是模型（5—2）的解释变量，用来检验零薪酬对独立董事履职勤勉度的影响。

3. 控制变量

Control 包含了由一系列控制变量组成的向量。参照 Adams 和 Ferreira（2008）、Masulis 和 Mobbs（2014）、全怡和陈冬华（2016）等相关研究，本章在研究假设 H5 - 1 至 H5 - 3 中控制了以下变量：独董教育水平（*Education*）、公司规模（*Lnsize*）、财务杠杆（*Lev*）、盈利能力（*ROA*）、成长能力（*Growth*）、产权性质（*SOE*）、两职合一（*Dual*）、大股东持股（*Top*1）、公司年限（*List_ Age*）；在研究假设 H5 -4 中控制了以下变量：制度环境（*Market*）、独董当年应参加董事会次数（*Meeting*）、独董教育水平（*Education*）、独董性别（*Gender*）、独董年龄（*Indir_ Age*）、独董兼任个数（*Boardlock*）、同城哑变量（*Indep_ same_ city*）、公司规模（*Lnsize*）、财务杠杆（*Lev*）、盈利能力（*ROA*）、成长能力（*Growth*）、产权性质（*SOE*）、两职合一（*Dual*）、大股东持股（*Top*1）、公司年限（*List_ Age*）。为控制年份和行业固定效应，我们在所有模型中均加入行业（*Industry*）和年份（*Year*）哑变量。并对所有模型在年份层面进行了 cluster，用来控制相同年份间的组内相关性。具体变量的定义方法参见表5—1。

表 5—1 主要变量的定义和说明

变量符号	变量说明
被解释变量	
Zero_ pay	零薪酬独董：若独立董事在同一公司所有任职期间均未领取任何报酬（包括货币化报酬和股票期权），则 *Zero_ pay* 取值为 1，否则取值为 0

变量符号	变量说明
Meeting1	委托出席董事会：独立董事委托出席董事会比例
Meeting2	缺席董事会：独立董事缺席董事会比例
Meeting12	非亲自出席董事会：独立董事非亲自出席董事会比例
解释变量	
Indep_ same_ city	同城哑变量：独立董事全职工作单位与任职公司总部是否位于同一城市
Indep_ distance	空间距离：独立董事全职工作单位与任职公司总部之间的距离取对数
Risk_ violation	违规风险：若任职公司当年出现违规，则取值为 1，否则取值为 0
Risk_ DA	会计信息风险：经当年行业中值调整后的修正的 Jones 模型计算的公司盈余管理程度
Market	制度环境：若所在省份市场化水平高于当年中值则取值为 1，否则取值为 0
控制变量	
Meeting	董事会次数：独立董事当年需要参加的董事会次数加 1 取自然对数
Education	独董教育水平：首先对每个独立董事教育水平进行赋值：博士为 5，硕士为 4，本科为 3，大专为 2，其他为 1；然后取所有独立董事教育水平均值
Gender	独董性别：女性取值为 1，否则取值为 0
Indir_ Age	独董年龄：独立董事年龄
Boardlock	独董兼任个数：当年兼任上市公司独立董事的席位数
Lnsize	公司规模：公司年末总资产的自然对数
Lev	财务杠杆：取期末总负债与总资产的比值
ROA	盈利能力：总资产报酬率＝净利润/期末总资产
Growth	成长能力：取期末总资产与期初总资产之差与期初总资产之比
SOE	产权性质：国有企业时，SOE 取值为 1，否则取值为 0
Dual	两职合一：董事长和总经理两职合一则取值为 1，否则取值为 0
Top1	大股东持股：第一大股东持股比例
List_ Age	公司年限：当前年份减去公司上市年份
Industry	行业虚拟变量：CSRC2012 标准
Year	年份虚拟变量

第四节 实证结果分析

一 样本描述性统计

表5—2报告了零薪酬独立董事的年度分布情况。数据显示：零薪酬独立董事在各年度间分布较为稳定，且在样本数量方面存在逐年增长的趋势。2015年样本偏少可能是因为在样本筛选的过程中，我们删除了任期不满一年且未领取任何报酬的样本。

表5—2 零薪酬独立董事年度分布

年份	样本	比例	年份	样本	比例	年份	样本	比例
2002	13	2.814%	2007	30	6.494%	2012	41	8.874%
2003	17	3.680%	2008	25	5.411%	2013	48	10.390%
2004	20	4.329%	2009	36	7.792%	2014	59	12.771%
2005	26	5.628%	2010	40	8.658%	2015	34	7.359%
2006	32	6.926%	2011	41	8.874%	2002—2015	462	100%

未披露的统计结果显示：从地区来看，零薪酬独立董事主要集中在广东（17.968%）、北京（13.642%）、江苏（13.423%）和上海（11.258%）等市场化程度较高的地区。这一分布特征一方面与声誉在市场化水平较高地区的激励机制更有效相吻合，另一方面也与以上地区对独立董事的需求更大相一致。从籍贯来看，零薪酬独立董事主要集中在江苏（26.812%）、安徽（12.001%）、山东（10.004%）和浙江（9.218%）等经济或教育发展水平较高的地区。从行业来看，零薪酬独立董事分布于38个不同的行业，主要集中在S90综合（14.074%）、K70房地产业（11.257%）、C38电气机械和器材制造业（10.391%）和C39计算机、通信和其他电子

设备制造业（10.388%）。从教育背景来看，零薪酬独立董事的平均教育水平为 3.784，略低于整体独立董事的平均教育水平 3.881。从职业背景来看，零薪酬独立董事主要集中在学者（30.954%）、退休政府官员（27.917%）（以财政、审计部门居多）、其他公司高管（12.546%）和金融机构从业人员（11.687%）中。从性别来看，零薪酬独立董事中约 17.971% 为女性，略高于整体独立董事中女性所占的比例 13.144%。从年龄来看，零薪酬独立董事平均年龄约 57 岁，略高于整体独立董事的平均年龄 52 岁。

二　变量描述性统计

表 5—3 报告了主要变量的描述性统计结果，由于上市公司从 2004 年才开始披露独立董事出席会议的情况，因此模型（5—2）中涉及变量的样本量仅有 962 个。样本期内，有两名独立董事无法确定工作地址信息，因此同城哑变量（$Indep\_same\_city$）样本量为 1017 个。由于部分公司计算操纵性应计的变量缺失，因此履职风险（$Risk\_DA$）样本量为 991 个。

表 5—3　　　　　　　　主要变量的描述性统计

变量	样本量	均值	标准差	最小值	上四分位数	中值	下四分位数	最大值
$Zero\_pay$	1019	0.413	0.491	0	0	0	1	1
$Meeting12$	962	0.071	0.147	0	0	0	0.100	0.750
$Meeting1$	962	0.059	0.122	0	0	0	0.077	0.667
$Meeting2$	962	0.009	0.046	0	0	0	0	0.333
$Indep\_same\_city$	1019	0.401	0.490	0	0	0	1	1
$Indep\_distance$	1017	4.836	2.317	0.232	2.599	5.037	7.068	7.765
$Risk\_violation$	1019	0.111	0.314	0	0	0	0	1
$Risk\_DA$	991	−0.003	0.099	−0.414	−0.044	−0.001	0.045	0.310
$Market$	1019	0.524	0.500	0	0	1	1	1
$Education$	1019	3.773	0.915	1	3	4	5	5

续表

变量	样本量	均值	标准差	最小值	上四分位数	中值	下四分位数	最大值
Meeting	962	2.120	0.435	0.693	1.792	2.079	2.398	3.091
Gender	962	0.206	0.405	0	0	0	0	1
Indir_ Age	962	55.97	9.196	34	49	56	64	73
Boardlock	962	1.567	0.964	1	1	1	2	5
Lnsize	1019	22.212	1.568	18.725	21.231	22.084	23.043	25.937
Lev	1019	0.533	0.251	0.081	0.382	0.518	0.683	1.867
ROA	1019	0.03	0.075	-0.375	0.008	0.034	0.065	0.215
Growth	1019	0.110	0.251	-0.604	-0.013	0.080	0.196	1.252
SOE	1019	0.627	0.484	0	0	1	1	1
Dual	1019	0.154	0.361	0	0	0	0	1
*Top*1	1019	0.358	0.163	0.069	0.232	0.321	0.477	0.758
List_ Age	1019	11.31	5.371	0	7	12	15	24

数据显示：在样本期内，共有41.315%的独立董事未领取任何报酬。独立董事未亲自出席董事会的比例约占 7.068%，且以委托出席为主，委托出席和缺席董事会的比例分别为 5.861% 和 0.911%。有40.127%的独立董事与任职公司处在同一城市。独立董事与任职公司的平均距离约为125.962（e^4.836）公里，最近的约为1.258（e^0.232）公里，最远的约为2356.673（e^7.765）公里。平均有11.131%的上市公司出现违规行为。独立董事的平均教育水平介于本科与硕士之间，平均年龄为 56 周岁，平均兼任个数为 1.567 个，有20.634%为女性独立董事。上市公司的财务杠杆水平差异较大，平均为0.533，最小为0.081，最大为1.867。超过四分之三的上市公司盈利能力为正，超过四分之一的上市公司成长能力为负。有62.726%的上市公司为国有企业。有15.406%的上市公司董事长和总经理由一人担任。第一大股东平均持股比例为35.829%，最小为6.917%，最大为75.809%。公司平均上市年限

为 11.310 年，最短不满 1 年，最长达 24 年。

三　单变量检验

按照是否领取薪酬，表 5—4 将全样本划分为零薪酬独立董事组（$Zero\_pay = 1$）和非零薪酬独立董事组（$Zero\_pay = 0$），分组对模型（4—1）和模型（4—2）中的拟研究变量进行了单变量检验。1019 人次的全样本中，零薪酬独立董事样本为 411 人次，非零薪酬独立董事样本为 608 人次。数据显示：在零薪酬独立董事组，同城哑变量的均值和中位数显著小于非零薪酬独立董事组，且在 5% 的水平上显著；而空间距离的均值和中位数显著大于非零薪酬独立董事组，且至少在 10% 的水平上显著；违规风险的均值和中位数显著小于非零薪酬独立董事组，且在 5% 的水平上显著；制度环境的均值和中位数显著大于非零薪酬独立董事组，且在 1% 的水平上显著。以上结果说明，非零薪酬独立董事的全职工作地点更可能与任职公司总部处在同一城市，与任职公司总部之间的空间距离更近，履职风险更高，所在地区的制度环境也更差。以上单变量检验结果初步证实了本章研究假设 H5 - 1 至 H5 - 3 的观点。中值的 Z 检验结果显示：零薪酬独立董事非亲自出席和委托出席董事会的比例显著更低。均值的 T 检验结果显示：零薪酬独立董事缺席董事会的比例显著更高。出现这一结果的原因可能是，当零薪酬独立董事由于个人事务而不能出席董事会会议时，可能更不容易找到委托人。本章研究假设 H5 - 4 还需要进一步的多元回归结果来验证。

表 5—4　　　　　　　　　　　单变量检验

变量	$Zero\_pay = 1$			$Zero\_pay = 0$			均值 T 检验	中值 Z 检验
	样本量	均值	中值	样本量	均值	中值		
$Indep\_same\_city$	411	0.358	0	608	0.431	0	− 2.344 **	− 2.339 **
$Indep\_distance$	409	5.002	5.286	608	4.724	4.957	1.884 *	2.406 **

变量	Zero_ pay = 1			Zero_ pay = 0			均值 T 检验	中值 Z 检验
	样本量	均值	中值	样本量	均值	中值		
Risk_ violation	411	0.083	0	608	0.130	0	− 2.359 **	− 2.353 **
Risk_ DA	396	0.001	0.002	595	− 0.006	− 0.002	1.181	1.647 *
Market	411	0.572	1	608	0.492	0	2.514 ***	2.507 ***
*Meeting*12	400	0.070	0	562	0.071	0	0.064	− 3.099 ***
*Meeting*1	400	0.050	0	562	0.065	0	− 1.516	− 3.793 ***
*Meeting*2	400	0.013	0	562	0.006	0	2.984 ***	1.108

注：*、**、***分别表示在10%、5%和1%的显著性水平上异于0（双尾）。

四　相关系数检验

表5—5Panel A 报告了模型（5—1）主要变量间的 Pearson 相关性系数矩阵。相关系数矩阵显示：零薪酬独董（*Zero_ pay*）与同城哑变量（*Indep_ same_ city*）之间的相关系数为负，且在5%的水平上显著；与空间距离（*Indep_ distance*）之间的相关系数为正，且在10%的水平上显著。这说明零薪酬独立董事更可能出现在独立性较强的董事中，本章研究假设 H5 - 1a 得到初步印证。零薪酬独董（*Zero_ pay*）与企业违规风险（*Risk_ violation*）在5%水平上呈显著负相关关系，这说明零薪酬独立董事更可能出现在履职风险低的公司中，本章研究假设 H5 - 2 得到初步印证。零薪酬独董（*Zero_ pay*）与制度环境（*Market*）在5%水平上呈显著正相关关系，这说明零薪酬独立董事更可能出现在制度环境较好的地区中，本章研究假设 H5 - 3 得到初步印证。

表5—5Panel B 报告了模型（5—2）主要变量间的 Pearson 相关性系数矩阵。相关系数矩阵显示：零薪酬独董（*Zero_ pay*）与委托出席董事会比例（*Meeting*1）在10%水平上呈显著负相关关系，与缺席董事会比例（*Meeting*2）在5%水平上呈显著正相关关系。这说明零薪酬独董更不可能委托出席董事会会议，更可能缺席董事

表 5—5　Panel A 模型（5—1）变量相关系数矩阵

	1	2	3	4	5	6	7	8	9	10	11	12	13	14
1 Zero_pay	1													
2 Indep_same_city	-0.068b	1												
3 Indep_distance	0.054a	-0.892c	1											
4 Risk_violation	-0.074b	-0.075b	0.085c	1										
5 Risk_DA	-0.030	-0.020	0.011	0.044	1									
6 Market	0.063b	0.175c	-0.209c	-0.106c	0.010	1								
7 Education	0.013	-0.027	0.068b	-0.012	0.016	-0.070b	1							
8 Lnsize	-0.026	0.008	-0.023	-0.054a	0.024	-0.014	0.013	1						
9 Lev	-0.024	0.007	0.001	0.049	-0.122c	-0.136c	0.032	0.090c	1					
10 ROA	0.063b	-0.049	0.018	-0.113c	0.058a	0.091c	-0.042	0.178c	-0.445c	1				
11 Growth	-0.126c	-0.003	0.022	-0.056a	0.149c	-0.066b	0.081c	0.193c	-0.173c	0.301c	1			
12 SOE	-0.049	0.141c	-0.171c	-0.057a	0.128c	-0.036	0.051	0.316c	0.041	0.024	0.107c	1		
13 Dual	0.047	0.039	-0.015	0.054a	-0.069b	0.020	-0.073b	-0.092c	-0.066b	0.019	-0.003	-0.086c	1	
14 TopI	-0.126c	0.049	-0.049	-0.031	-0.041	-0.006	0.010	0.330c	-0.052a	0.122c	0.078b	0.281c	-0.059a	1
15 List_Age	0.133c	-0.026	0.006	0.010	0.080b	0.017	-0.037	0.169c	0.056a	-0.048	-0.202c	0.060a	-0.028	-0.122c

注：a, b, c 分别表示变量间 Pearson 相关性检验在 10%、5%、1% 水平上显著异于 0（双尾）。

▶ 上市公司独立董事异地任职研究

续表

Panel B 模型（5—2）变量相关系数矩阵

	1	2	3	4	5	6	7	8	9	10	11	12	13	14	15	16	17	18
1Meeting12	1																	
2Meeting1	0.889c	1																
3Meeting2	0.549c	0.144c	1															
4Zero_pay	-0.005	-0.061a	0.077b	1														
5Market	0.046	0.045	0.036	0.064b	1													
6Meeting	-0.126c	-0.129c	-0.013	-0.154c	0.012	1												
7Education	0.127c	0.106c	0.082b	0.031	-0.050	0.037	1											
8Gender	-0.092c	-0.080b	-0.055a	-0.023	-0.074b	-0.066b	-0.096c	1										
9Indir_Age	-0.077b	-0.070b	-0.029	0.031	0.035	-0.025	-0.386c	-0.070b	1									
10Boardlock	0.009	-0.004	0.057a	-0.157c	-0.026	-0.019	0.222c	-0.032	-0.184c	1								
11Indep_same_city	-0.075b	-0.055a	-0.055a	-0.049	0.163c	-0.016	-0.025	0.116c	0.084c	-0.079b	1							
12Lnsize	-0.102c	-0.062a	-0.137c	-0.040	-0.016	0.101c	0.018	-0.167c	0.264c	-0.134c	0.007	1						
13Lev	0.157c	0.095c	0.176c	-0.045	-0.146c	0.074b	0.053	-0.109c	0.021	-0.066b	0.008	0.094c	1					
14ROA	-0.030	0.009	-0.092c	0.072b	0.102c	0.019	-0.062a	-0.058a	0.048	-0.089c	-0.044	0.161c	-0.425c	1				
15Growth	-0.013	-0.014	-0.018	-0.103c	-0.073b	0.075b	0.064b	-0.036	0.011	0.020	-0.005	0.240c	-0.138c	0.280c	1			
16SOE	-0.004	0.018	-0.065b	-0.046	-0.026	0.026	0.036	0.005	0.054a	-0.057a	0.139c	0.330c	0.040	0.046	0.111c	1		
17Dual	0.102c	0.077b	0.084c	0.037	0.031	0.022	-0.070b	0.074b	-0.083b	-0.014	0.042	-0.108c	-0.067c	0.023	0.015	-0.106c	1	
18Top1	0.052	0.071b	-0.058c	-0.167c	0.004	-0.072b	-0.002	-0.011	0.074b	0.044	0.055a	0.316c	-0.077b	0.117c	0.115c	0.308c	-0.067b	1
19List_Age	-0.160c	-0.138c	-0.090c	0.086c	0.030	0.062a	-0.027	-0.049	0.149c	-0.143c	-0.011	0.120c	0.0240	-0.057a	-0.153c	0.074b	-0.045	-0.197c

注：a、b、c 分别表示变量间 Pearson 相关性检验在 10%、5%、1% 水平上显著异于 0（双尾）。

会会议。本章研究假设 H5 - 4 还需要进一步的多元回归结果来验证。此外，除了盈利能力（ROA）与财务杠杆（Lev）之间的 Pearson 相关系数为 - 0.445 以外（稳健性测试中去掉其中任何一个变量，不改变结果），其他各变量间相关系数的绝对值均不超过 0.400，这说明解释变量、控制变量之间不存在高度的相关关系。本章接下来将进一步控制其他变量，进行多元回归分析。

五　基本假设检验

（一）个人特征、公司特征、制度环境与零薪酬独立董事

表 5—6 给出模型（5—1）的回归结果，检验独立董事独立性、履职风险和制度环境对独立董事选择零薪酬的影响。其中，被解释变量为零薪酬独立董事哑变量（Zero_ pay）。第（1）列使用同城哑变量度量独立性，公司违规风险度量独立董事履职风险，样本量为 1019 个；第（2）列使用空间距离度量独立性，公司违规风险度量独立董事履职风险，样本量为 1017 个；第（3）列使用同城哑变量度量独立性，会计信息风险衡量独立董事履职风险，样本量为 991 个；第（4）列使用空间距离度量独立性，会计信息风险衡量独立董事履职风险，样本量为 989 个。

表 5—6　　　　个人特征、公司特征、制度环境与零薪酬独立董事

变量名称	变量符号	(1) Zero_ pay	(2) Zero_ pay	(3) Zero_ pay	(4) Zero_ pay
同城哑变量	Indep_ same_ city	- 0.348 ***		- 0.243 *	
		(- 2.763)		(- 1.818)	
空间距离	Indep_ distance		0.070 ***		0.051 **
			(2.888)		(2.171)
违规风险	Risk_ violation	- 0.941 ***	- 0.938 ***		
		(- 3.701)	(- 3.609)		

续表

变量名称	变量符号	(1) Zero_ pay	(2) Zero_ pay	(3) Zero_ pay	(4) Zero_ pay
会计信息风险	Risk_ DA			− 0.785	− 0.779
				(− 0.868)	(− 0.856)
制度环境	Market	0.304 **	0.314 **	0.298 **	0.304 **
		(2.246)	(2.251)	(2.179)	(2.125)
独董教育水平	Education	− 0.024	− 0.027	0.000	− 0.001
		(− 0.298)	(− 0.323)	(0.003)	(− 0.013)
公司规模	Lnsize	− 0.101	− 0.104	− 0.062	− 0.063
		(− 1.350)	(− 1.441)	(− 0.750)	(− 0.787)
财务杠杆	Lev	0.257	0.232	− 0.033	− 0.059
		(0.587)	(0.536)	(− 0.053)	(− 0.094)
盈利能力	ROA	3.591 **	3.563 **	4.649 ***	4.616 ***
		(2.112)	(2.129)	(2.520)	(2.513)
成长能力	Growth	− 0.987 ***	− 0.998 ***	− 0.816	− 0.817
		(− 2.609)	(− 2.661)	(− 1.605)	(− 1.608)
产权性质	SOE	− 0.035	− 0.025	0.027	0.035
		(− 0.169)	(− 0.115)	(0.122)	(0.151)
两职合一	Dual	0.472 *	0.462 *	0.362	0.356
		(1.840)	(1.816)	(1.325)	(1.303)
大股东持股	Top1	− 1.273 ***	− 1.311 ***	− 1.463 ***	− 1.486 ***
		(− 4.409)	(− 4.572)	(− 4.622)	(− 4.681)
上市年限	List_ age	− 0.001	− 0.002	0.015	0.014
		(− 0.073)	(− 0.139)	(0.845)	(0.803)
截距项	Constant	5.084 ***	4.688 ***	3.565 **	3.264 **
		(3.422)	(3.084)	(2.126)	(1.944)
年度/行业	Industry & Year	Control	Control	Control	Control
观测数	Obs#	1019	1017	991	989
调整后 R^2	Pseudo R^2	0.1444	0.1419	0.1360	0.1339
卡方值	LR chi2	198.43	196.01	181.34	180.36

注：*、**、*** 分别表示在10%、5%和1%的显著性水平异于0（双尾）。

考察变量的回归结果显示：当使用违规风险（*Risk_ violation*）衡量独立董事履职风险时，同城哑变量（*Indep_ same_ city*）与零薪酬独立董事在 1% 的水平上呈显著负相关关系，空间距离（*Indep_ distance*）与零薪酬独立董事在 1% 的水平上呈显著正相关关系，这说明零薪酬独立董事更可能出现在独立性较强的董事中，这印证了本章研究假设 H5 - 1a 中的"声誉"动机。违规风险与零薪酬独立董事均在 1% 的水平上呈显著负相关关系，制度环境（*Market*）与零薪酬独立董事在 5% 的水平上呈显著正相关关系，这说明从公司特征来看，零薪酬更可能出现在违规风险较低的公司；从制度环境来看，零薪酬更可能出现在市场化程度较高的地区。本章研究假设 H5 - 2 和 H5 - 3 通过检验。当使用会计信息风险（*Risk_ DA*）衡量独立董事的履职风险时，同城哑变量与零薪酬独立董事在 10% 的水平上呈显著负相关关系，空间距离与零薪酬独立董事在 5% 的水平上呈显著正相关关系，会计信息风险与零薪酬独立董事呈负相关关系但不显著，制度环境与零薪酬独立董事仍然维持在 5% 的水平上呈显著正相关关系。以上回归结果综合说明，零薪酬独立董事可以较好地识别出违规风险较低的上市公司，但却不能进一步甄别出会计信息风险较高的上市公司。

控制变量的回归结果显示：盈利能力（*ROA*）与零薪酬独立董事哑变量至少在 5% 的水平上呈显著正相关关系，这说明零薪酬独立董事更可能出现在盈利能力较强的上市公司中，与"追名"动机逻辑一致。第一大股东持股比例（*Top*1）与零薪酬独立董事呈显著负相关关系，这说明零薪酬独立董事更可能出现在股权集中度相对较低的上市公司中。

（二）"追名"还是"逐利"：独董履职动机之探究

表 5—7 给出模型（5—2）的回归结果，检验了零薪酬对独立董事履职勤勉度的影响。由于上市公司从 2004 年才开始披露独立

董事出席会议的情况，因此表 6 仅剩 962 个观测值。第（1）至（3）列的被解释变量依次为非亲自出席董事会比例、委托出席董事会比例和缺席董事会比例。考察变量的回归结果显示：零薪酬独董（*Zero_ pay*）与委托出席董事会比例（*Meeting*1）呈显著负相关关系，与非亲自出席董事会比例（*Meeting*12）和缺席董事会比例（*Meeting*2）呈正相关关系但不显著。这一回归结果说明，零薪酬独立董事委托出席董事会的比例显著更小，履职更加勤勉，这与研究假设 H5－4a 的"追名"动机逻辑一致。这与周繁等（2008）认为的不应片面地强调薪酬对独立董事的激励作用，而应该更多地注重声誉对独立董事的激励和约束作用的观点一致。

表 5—7   "追名"还是"逐利"：独董履职动机之探究

变量名称	变量符号	（1）*Meeting*12	（2）*Meeting*1	（3）*Meeting*2
零薪酬独董	*Zero_ pay*	0.002	－0.015 *	0.009
		(0.109)	(－1.826)	(1.346)
制度环境	*Market*	0.022 **	0.017 **	0.005
		(2.168)	(2.448)	(1.295)
应出席会议次数	*Meeting*	－0.044 ***	－0.041 **	0.001
		(－2.928)	(－2.533)	(0.165)
独董教育水平	*Education*	0.025 ***	0.018 ***	0.005 ***
		(4.321)	(3.788)	(3.438)
独董性别	*Gender*	－0.031 ***	－0.023 **	－0.004
		(－3.049)	(－2.694)	(－1.620)
独董年龄	*Indir_ Age*	0.001	0.000	0.000 **
		(1.288)	(0.782)	(2.605)
独董兼任个数	*Boardlock*	－0.007	－0.007	0.002
		(－1.536)	(－1.696)	(1.229)
同城哑变量	*Indep_ same_ city*	－0.020 *	－0.012	－0.005
		(－2.020)	(－1.517)	(－1.420)

变量名称	变量符号	（1）*Meeting*12	（2）*Meeting*1	（3）*Meeting*2
公司规模	*Lnsize*	− 0.014 **	− 0.008 *	− 0.005 *
		（− 2.241）	（− 1.814）	（− 2.079）
财务杠杆	*Lev*	0.123 ***	0.075 **	0.033 *
		（3.077）	（2.804）	（1.804）
盈利能力	*ROA*	0.124	0.154	− 0.018
		（0.860）	（1.452）	（− 0.299）
成长能力	*Growth*	0.004	− 0.017	0.012
		（0.165）	（− 0.925）	（0.798）
产权性质	*SOE*	0.015	0.013	0.000
		（1.380）	（1.673）	（0.072）
两职合一	*Dual*	0.053 **	0.036 *	0.012 **
		（2.329）	（1.985）	（2.403）
大股东持股	*Top*1	0.060	0.036	0.003
		（1.589）	（1.046）	（0.308）
上市年限	*List_ age*	− 0.002 *	− 0.001	− 0.000
		（− 1.919）	（− 1.576）	（− 0.869）
截距项	*Constant*	0.352 ***	0.276 **	0.063
		（2.887）	（2.715）	（1.629）
年度/行业	*Industry & Year*	Control	Control	Control
观测数	Obs#	962	962	962
调整后 R^2	Adj_ R^2	0.1651	0.1306	0.1098
F 值	F value	5.22	4.21	3.63

注：*、**、***分别表示在 10%、5% 以及 1% 水平上显著异于 0（双尾）。

控制变量的回归结果显示：制度环境（*Market*）与非亲自出席以及委托出席董事会比例均在 5% 的水平上呈显著正相关关系，可能是因为制度环境较好地区的公司信息透明度较高，沟通更为便利，因此不需要亲自出席董事会。应出席会议次数（*Meeting*）与非亲自出席以及委托出席董事会比例呈显著负相关关系，这可能是因为在构造非亲自出席以及委托出席董事会比例变量时，我们使用应出席会议次数进行了标准化处理。独董教育水平（*Education*）与非亲自出席、委托出席和缺席董事会比例均在1%的水平上呈显著正相关关系，这可能是因为独立董事学历越高，闲暇时间越少，这与 Quan 和 Chen（2016）的结论一致。独董性别（*Gender*）与非亲自出席以及委托出席董事会比例显著呈负相关关系，这说明女性独立董事履职更加勤勉。同城哑变量（*Indep＿ same＿ city*）与非亲自出席董事会比例在10%的水平上呈显著负相关关系，这说明与任职公司处在同一城市的独立董事越可能亲自出席董事会。公司规模（*Lnsize*）与非亲自出席、委托出席和缺席董事会比例显著呈负相关关系，这可能是因为大规模公司可以为独立董事提供更高的知名度和声望（Shivdasani，1993；Adams 和 Ferreira，2008；周繁等，2008）、更高的薪酬（Ryan 和 Wiggins，2004；杜胜利和张杰，2004；孙泽蕤和朱晓妹，2005）、更多获取其他董事席位的机会（Yermack，2004；Fich，2005），因此独立董事非亲自出席大规模公司董事会的概率显著更小。

六　稳健性检验[①]

为了进一步印证本章研究结论的可靠性，我们做了以下稳健性检验。第一，改变考察变量的度量方法。使用独立董事的籍贯与任职上市公司总部是否处在同一城市（*Indep＿ same＿ city*1）来衡量独立董事的独立性，重新对本章研究假设 H5 - 1 进行检验。第二，剔除任期不满两年且未领取任何报酬的样本。《关于在上市公司建立独立董事制度的指导意见》明确规定，独立董事每届任期与该上市

[①]　限于文章篇幅，本部分结果未予列示。如需查看，可向作者索要。

公司其他董事任期相同，任期届满，连选可以连任，但是连任时间不得超过六年。一般董事一届任期为三年，为了防止独立董事任期未满对本章研究结论产生影响，我们剔除任期不满两年且未领取任何报酬的 56 人次样本来重新对研究假设进行检验。第三，保留全样本的检验。在本书部分，我们采取对零薪酬独立董事进行配对的方法对本章研究假设进行了检验。为了防止由配对可能导致的问题，我们保留全样本重新对本章研究假设进行检验。以上稳健性检验结果与前面结果并无实质性的差异，这说明本章结论较为稳健。

第五节 进一步探讨与研究

一 个人特征、公司特征与零薪酬会计背景独立董事

对 462 人次零薪酬独立董事专业背景的统计结果显示：有 93 人次独立董事（20.13%）具有会计从业背景的经历。而表 5—6 使用会计信息风险（$Risk\_DA$）衡量独立董事履职风险的回归结果表明，零薪酬独立董事并不能甄别出会计信息风险较高的上市公司。唐清泉（2006）认为，独立董事对风险的取向与他们具有的认知能力有关。那么，具有会计从业背景的零薪酬独立董事是否可以进一步识别出任职公司的会计信息风险呢？为了回答这一问题，我们构建了零薪酬会计背景独立董事哑变量（$Zero\_pay\_acc$），具体方法为：若零薪酬独立董事具有会计从业背景，则 $Zero\_pay\_acc$ 取值为 1，否则取值为 0。表 5—8 报告了个人特征、公司特征与零薪酬会计背景独立董事的检验结果。第（1）列使用同城哑变量度量独立性，公司违规风险度量独立董事履职风险；第（2）列使用空间距离度量独立性，公司违规风险度量独立董事履职风险；第（3）列使用同城哑变量度量独立性，会计信息风险衡量独立董事履职风

险；第（4）列使用空间距离度量独立性，会计信息风险衡量独立董事履职风险。表5—8较表5—6观测值较少是因为表5—8进一步删除了零薪酬非会计背景独立董事的样本，这与保留了零薪酬非会计背景独立董事样本的回归结果大体保持一致，但显著性有所削弱。由于样本结构发生的变化，表5—8中制度环境变量不再显著。

表5—8　　　个人特征、公司特征与零薪酬会计背景独立董事

变量名称	变量符号	(1) Zero_ pay_ acc	(2) Zero_ pay_ acc	(3) Zero_ pay_ acc	(4) Zero_ pay_ acc
同城哑变量	Indep_ same_ city	- 0.483 ***		- 0.402 **	
		(- 3.105)		(- 2.393)	
空间距离	Indep_ distance		0.076 ***		0.069 ***
			(3.046)		(2.458)
违规风险	Risk_ violation	- 1.289 ***	- 1.269 ***		
		(- 2.705)	(- 2.654)		
会计信息风险	Risk_ DA			- 2.759 **	- 2.753 **
				(- 2.081)	(- 2.072)
制度环境	Market	- 0.037	- 0.041	- 0.052	- 0.060
		(- 0.167)	(- 0.177)	(- 0.226)	(- 0.248)
独董教育水平	Education	- 0.147	- 0.154	- 0.110	- 0.117
		(- 1.330)	(- 1.287)	(- 1.009)	(- 1.015)
公司规模	Lnsize	- 0.139	- 0.145	- 0.064	- 0.066
		(- 1.118)	(- 1.196)	(- 0.573)	(- 0.616)
财务杠杆	Lev	- 0.063	- 0.115	- 0.251	- 0.280
		(- 0.116)	(- 0.206)	(- 0.364)	(- 0.400)
盈利能力	ROA	2.934	2.887	5.232 ***	5.211 ***
		(1.525)	(1.533)	(3.047)	(3.058)
成长能力	Growth	- 2.387 ***	- 2.392 ***	- 2.410 ***	- 2.419 ***
		(- 2.623)	(- 2.637)	(- 2.550)	(- 2.555)
产权性质	SOE	- 0.133	- 0.132	- 0.087	- 0.084
		(- 0.488)	(- 0.471)	(- 0.302)	(- 0.291)

变量名称	变量符号	(1) Zero_ pay_ acc	(2) Zero_ pay_ acc	(3) Zero_ pay_ acc	(4) Zero_ pay_ acc
两职合一	Dual	1. 153 ***	1. 126 ***	0. 917 *	0. 895 *
		(2. 795)	(2. 746)	(1. 885)	(1. 836)
大股东持股	Top1	− 1. 727 **	− 1. 784 **	− 2. 232 ***	− 2. 273 ***
		(− 2. 136)	(− 2. 282)	(− 2. 632)	(− 2. 754)
上市年限	List_ age	0. 031	0. 031	0. 052	0. 051
		(0. 831)	(0. 854)	(1. 283)	(1. 287)
截距项	Constant	5. 199 **	4. 796 *	2. 995	2. 614
		(1. 984)	(1. 842)	(1. 332)	(1. 212)
年度/行业	Industry & Year	Control	Control	Control	Control
观测数	Obs#	620	620	604	604
调整后 R^2	Pseudo R^2	0. 2558	0. 2534	0. 2265	0. 2252
卡方值	LR chi2	123. 90	123. 98	104. 42	105. 97

注: *、* *、* * *分别表示在10% 、5%以及1%水平上显著异于0（双尾）。

回归结果显示：当使用违规风险（Risk_ violation）来衡量独立董事履职风险时，独立董事独立性和违规风险仍然维持在1%的水平上显著，且违规风险变量的回归系数较表5—6有所增大。当使用会计信息风险（Risk_ DA）来衡量独立董事履职风险时，独立董事独立性变量回归系数的大小及显著性较表5—6均有所提高。会计信息风险变量由表5—6不显著变为在5%的水平上呈显著负相关关系。以上回归结果综合说明，零薪酬会计背景独立董事不仅能较好地识别出违规风险较低的上市公司，同时还可以进一步甄别出会计信息风险较高的上市公司。

二　零薪酬独立董事与独立意见

在公司治理的实践中，对董事会议案出具否定性意见是独立董事履行监督职能最具有代表性的行为（郑志刚等，2016）。唐雪松等（2010）研究发现，出于规避财富损失风险的动机，独立董事从任职公司获取的报酬越高时，说"不"的可能性越低。沿着这一逻辑，由于零薪酬独立董事并无任何财富可以损失，所以零薪酬独立董事说"不"的可能性最大。为了检验这一设想，表5—9报告了零薪酬独立董事与独立意见之间的多元回归结果，被解释变量为独立董事意见哑变量（Opinion）。我们共搜集到4831人次独立董事意见的观测值，CSMAR数据库提供的独立董事意见类别包括：同意、保留意见、反对意见、无法发表意见、弃权、提出异议和其他。我们将"同意"定义为肯定意见并赋值为0，"保留意见、反对意见、无法发表意见、弃权和提出异议"定义为否定意见并赋值为1。在表5—9第（1）列中，我们将意见类别为"其他"的样本归为否定意见并赋值为1；在第（2）列中，我们直接删除意见类别为"其他"的样本；在第（3）列中，我们将意见类别为"其他"的样本归为肯定意见并赋值为0。

表5—9　　　　　　　　零薪酬独立董事与独立意见

变量名称	变量符号	（1）*Opinion*	（2）*Opinion*	（3）*Opinion*
零薪酬独董	*Zero_pay*	− 0.079	− 2.313	− 2.308
		（− 0.107）	（− 0.959）	（− 0.959）
应出席会议次数	*Meeting*	− 0.276	3.061 ***	3.049 ***
		（− 0.640）	（3.535）	（3.515）
独董教育水平	*Education*	− 0.810 ***	3.348 *	3.366 *
		（− 2.921）	（1.661）	（1.656）
独董性别	*Gender*	0.090	2.185	2.183
		（0.209）	（0.800）	（0.796）
独董年龄	*Age*	− 0.088 ***	− 0.151	− 0.151
		（− 4.026）	（− 0.957）	（− 0.960）
独董兼任个数	*Boardlock*	0.115	0.189	0.189
		（0.626）	（0.260）	（0.259）

变量名称	变量符号	(1) Opinion	(2) Opinion	(3) Opinion
同城哑变量	Indep_same_city	0.286	-1.222	-1.231
		(0.369)	(-0.900)	(-0.899)
违规风险	Risk_DA	-4.750	-9.036	-8.993
		(-1.327)	(-1.134)	(-1.123)
公司规模	Lnsize	-0.242*	-0.012	-0.003
		(-1.679)	(-0.012)	(-0.003)
财务杠杆	Lev	-3.376	-1.650	-1.659
		(-1.217)	(-1.340)	(-1.348)
盈利能力	ROA	-3.113*	-10.086	-10.175
		(-1.717)	(-1.541)	(-1.554)
成长能力	Growth	0.440	-6.825	-6.827
		(0.299)	(-0.750)	(-0.751)
产权性质	SOE	0.843**	4.602	4.614
		(1.938)	(1.584)	(1.582)
两职合一	Dual	-0.697	3.147**	3.168**
		(-0.416)	(2.441)	(2.441)
大股东持股	Top1	-5.456	6.747	6.761
		(-1.339)	(0.986)	(0.985)
上市年限	List_age	-0.100*	-0.300***	-0.301***
		(-1.729)	(-2.751)	(-2.739)
截距项	Constant	11.83**	-25.45	-25.69
		(2.438)	(-0.770)	(-0.775)
观测数	Obs#	4831	4816	4831
调整后 R^2	Pseudo R^2	0.1889	0.4709	0.4708
沃尔德卡方	Wald chi2	46.91	30.49	30.49

注：*、**、***分别表示在 10%、5% 以及 1% 水平上显著异于 0（双尾）。

回归结果显示：零薪酬独董与独立意见之间的相关性并不显著，即零薪酬独董并未出具更多的否定意见。这一结果与独立董事不存在通过说"不"向人力资本市场传递监督声誉动机的观点

（唐雪松等，2010）相吻合。出现这一结果一方面可能是因为，我国独立董事很少出具否定意见。在4831个样本中，仅有1名（非零薪酬）独立董事出具了保留意见，1名（零薪酬）独立董事出具了反对意见，2名（非零薪酬）独立董事弃权，15名独立董事（其中5名为零薪酬）意见类型为"其他"。这也是导致表5—9第（1）列与第（2）和第（3）列回归结果差异较大的原因。另一方面则可能是因为，零薪酬独立董事任职公司的治理水平本身就更好（如独立董事更独立、违规风险更小、市场化程度更高等）。

三　零薪酬独立董事与公司治理绩效

由于存在自主选择，零薪酬独立董事任职公司的治理水平更高，其并未出具更多的否定意见。那么，零薪酬独立董事任职后公司治理水平是否得到了改善？为了深入了解零薪酬独立董事的治理绩效，接下来我们对零薪酬独立董事任职前后的公司治理水平进行了比较。具体方法如下：（1）保留聘请了零薪酬独立董事公司的所有年度样本；（2）将聘请零薪酬独立董事之前的年份定义为"聘请前"，聘请当年的年份定义为"聘请时"；（3）分别比较"聘请前"和"聘请时"任职公司的治理水平。为了避免时间趋势上的差异，我们对所有公司治理变量使用当年的行业中值进行标准化处理。其中，机构持股（*Instihold*）使用机构持股比例度量；审计质量（*Big*4）使用是否聘请四大会计师事务所度量；CEO超额薪酬（*Extra_ pay*）采用管理层薪酬决定模型，用分行业、分年度的回归残差衡量（Core等，1999；吴联生等，2010）；资金占用（*Tunnelling*）使用经规模调整后的关联交易产生的应收与应付项目之差度量（Jiang等，2010）；其他变量度量方法与前面一致。表5—10报告了零薪酬独立董事任职前后公司治理水平的单变量检验结果。从中可以看出，除大股东持股比例在"聘请时"显著低于"聘请前"

外，其他治理指标并未发生显著的改善。"聘请时" CEO 超额薪酬反而略高。这说明，单凭零薪酬独立董事的一己之力并不能带来公司治理水平的显著提高。

表5—10 零薪酬独立董事任职前后的公司治理水平比较

变量	聘请前			聘请时			均值 T 检验	中值 Z 检验
	样本量	均值	中值	样本量	均值	中值		
Instihold	418	0.058	0.009	245	0.050	0.009	0.763	− 0.085
*Top*1	572	0.027	0.021	295	− 0.004	− 0.006	2.429 **	2.531 ***
Dual	572	0.178	0	295	0.200	0	− 0.777	− 0.777
*Big*4	572	0.079	0	295	0.081	0	− 0.139	− 0.062
Extra_ pay	376	− 0.112	− 0.106	237	− 0.019	− 0.001	− 1.609	− 1.717 *
Tunnelling	572	− 0.015	− 0.005	295	− 0.020	− 0.004	0.744	− 0.158
Risk_ violation	572	0.161	0	295	0.125	0	0.959	0.703

注：*、**、***分别表示在10%、5%以及1%水平上显著异于0（双尾）。

第六节　本章小结

经营权与所有权的分离引发的代理问题是催生独立董事这一群体的制度根源。引入独立董事制度，维护公司的整体利益，尤其是关注中小股东的合法权益不受损害，是监管机构改善公司治理结构的重要举措。独立董事在本质上也是剩余索取者的代理人，他们和股东之间同样存在代理问题。那么，如何对独立董事进行激励，使其与中小股东建立有效的信托责任，便成为监管部门和实务界面临的首要难题。以沪、深两市2002年至2015年A股主板上市公司为样本，本章从"追名"和"逐利"两个角度对独立董事零薪酬现象进行了探讨。研究结果显示：从个人特征来看，零薪酬更可能出现在独立性较强的董事中；从公司特征来看，零薪酬更可能出现在违规风险较低的公司；从制度环境来看，零薪酬更可能出现在市场化程度较高的地区。零薪酬独立董事在出席董事会时也更加勤勉，以上结论与"追名"动机逻辑一致。进一步探索发现，具有会计背景经历的零薪酬独立董事能进一步甄别出财务风险更高的公司。由于存在自主选择，零薪酬独立董事任职公司的治理水平更高，其并未出具更多的否定意见。

　　本章研究对理论分析者、资本市场参与者以及监管部门均具有重要的现实意义。对于理论分析者而言，本章不仅为独立董事"零薪酬"现象提供了合理的解释，丰富了薪酬领域的相关文献，同时也为声誉激励在影响独立董事履职中发挥的作用提供了直接的经验证据。对于资本市场参与者而言，本章研究有助于投资者甄别违规风险低、会计信息质量高的上市公司，从而能优化投资组合，降低投资损失。对于监管部门而言，本章研究对完善独立董事激励机制、完善独立董事人才市场具有现实的指导意义。零薪酬独立董事现象说明，在我国资本市场中存在一个声誉市场，并且这一市场能够对零薪酬独立董事产生足够的激励。遗憾的是，这一激励并不足以对所有独立董事产生影响，其作用大小取决于声誉本身带来的效用，也因独立董事的不同而存在差异。本章研究虽然在一定程度上论证了独立董事固定薪酬存在的弊端，但也并不呼吁对所有独立董事实行零薪酬。独立董事也是现实的"经济人"，在缺乏其他激励措施的情况下，期待他们恪尽职守未免过于严苛（顾功耘和罗培新，2001）。

　　图5—1独立董事等效用曲面图反映了货币薪酬、独立性和风险三因素在同等效用下的此消彼长关系①。以 AB 点所在曲面为例，

---

　　① 因为制度环境是公司无法决定的，可以视为外生变量。方便起见，我们将货币薪酬、独立性和风险的取值界定在 0 和 1 之间。

如果任职公司的风险较大、独立性较弱，则需要将货币薪酬设定在较高点才能维持独立董事的效用水平（A 点）；如果任职公司的风险较小、独立性较强，零薪酬同样可以使独立董事效用维持在同等水平（B 点）。等效用曲面图说明，上市公司应当根据自身所处的制度环境、风险水平以及每位独立董事的具体情况等，对不同独立董事设定出差异化的薪酬水平。

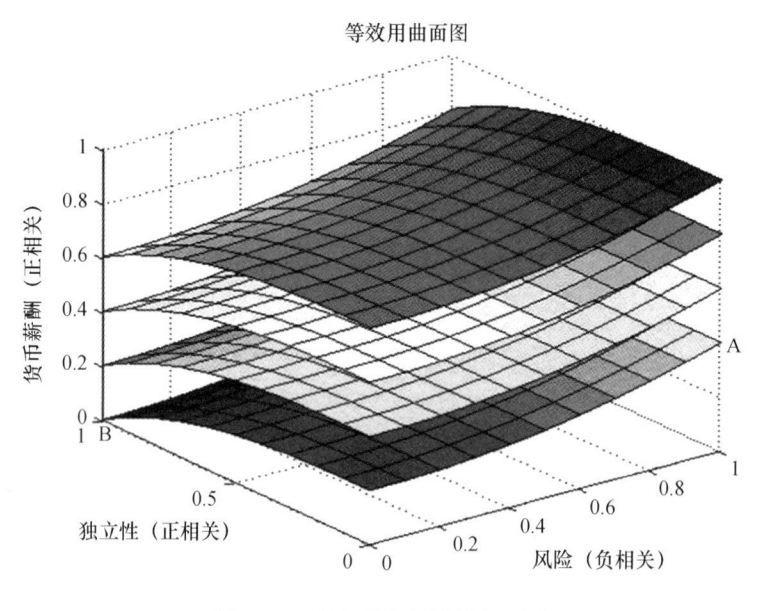

图 5—1　独立董事等效用曲面图

不可否认，本章研究也存在一定的不足。譬如，除"追名"和"逐利"外，独立董事候选人还可能出于获取学习经验、增加工作阅历等动机而选择接受零薪酬。当然，这一动机更可能出现在较年轻、工作阅历较少的独立董事群体中。然而统计结果显示：从年龄来看，零薪酬独立董事的平均年龄约为 57 岁，略高于整体独立董事的平均年龄 52 岁，从而在一定程度上排除了以上动机。再如，上市公司也可能通过其他替代方式给零薪酬独立董事支付薪酬。然而,《关于在上市公司建立独立董事制度的指导意见》中明确规定,上市公司应当给予独立董事适当的津贴。但津贴的标准应当由董事会制订预案,股东大会审议通过,并在公司年报中进行披露。除上述津贴外,独立董事不应从该上市公司及其主要股东或有利害关系的机构和人员中取得额外的、未予披露的其他利益。其他隐蔽式的支付方式并不在本章讨论范围之内。

第六章

研究总结与展望

第一节　主要结论

独立董事制度是通过在董事会中设立独立董事来形成权力制衡与监督的一种制度。在独立董事的相关研究中，无法绕开独立董事个体特征。随着企业商业环境的日趋复杂化，企业经营活动的法律风险越来越大，这就需要企业增加法律知识来应对日趋复杂化的法律风险。聘请有法律背景经历的独立董事，发挥其监督职能和咨询职能是降低公司法律风险的重要途径（何威风和刘巍，2017）。在2002—2014年，我国 A 股主板上市公司共聘请了9506名（59883人次）独立董事，其中1453名（8845人次）具有法律背景的经历。法律背景的独立董事不仅构成了独立董事的重要组成部分，并且人数由2002年的10.84%一路攀升至2014年的17.01%，呈现出逐年上涨的趋势。

结合独立董事的以上专业背景特征，本书第二章首先从法律背景类型、籍贯、工作地点、教育水平、第一学历、年龄和监督距离等维度对法律背景独立董事的个人特征进行了描述。从法律背景类型来看，律师事务所从业人员（52.91%）、法学研究人员（27.05%）和公检法司退休人员（20.03%）是上市公司选聘法律背景独立董事的三大来源。进一步细化律师从业背景独立董事的任职单位后发现，上海锦天城律师事务所、君合律师事务所、国浩律师集团事务所、河南世纪通律师事务所和浙江天册律师事务所是上市公司聘请律师从业背景独立董事的前五大律所；进一步细化法学研究背景独立董事的任职单位后发现，华东政法大学、中国人民大学、北京大学、中国政法大学、清华大学等是上市公司聘请法学研究背景独立董事的前五大高校。

从籍贯来看，法律背景独立董事的出生地主要集中在经济或教育发展水平较高的地区。其中，所占人数最多的前六大地区分别为浙江（9.97%）、上海（8.60%）、山东（8.55%）、安徽（7.89%）、湖南（5.87%）和江苏（5.87%）。从工作地点来看，法律背景独立董事的工作地点主要集中在经济发达地区。其中，人数最多的前五大地区分别为北京（30.68%）、上海（13.93%）、广东（10.39%）、浙江（4.53%）和江苏（4.14%）。同时，也有部分上市公司聘请来自港澳台或海外法律背景人士担任独立董事。从教育水平来看，有23人次（0.26%）法律背景独立董事的学历为大专以下；有66.51%的法律背景独立董事具有硕士研究生及以上学历；有1812人次（20.65%）的法律背景独立董事具有博士研究生学历。这说明，我国 A 股主板市场法律背景的独立董事普遍接受过较高水平的教育，学习能力较强。

从第一学历来看，法律背景独立董事的第一学历主要集中在法律学科优势较为明显的政法类院校中。其中，第一学历来自西南政法大学、华东政法大学、北京大学、中国政法大学、中国人民大学和中南财经政法大学的法律背景独立董事人次最多，累计拥有独立董事席位数2989个。从年龄来看，法律背景独立董事的年龄主要集中在40周岁至59周岁，占所有法律背景独立董事的47.55%。从监督距离来看，任职单位与上市公司距离在10公里以内的法律背景独立董事约占 25%；有超过 40% 的法律背景独立董事与任职公司的距离在 30 公里以内。然而，仍然有超过 20% 的法律背景独立董事与任职公司之间的距离超过了 1000 公里，且这一距离随时间推移呈现逐年增加的趋势。

在对法律背景独立董事的个体特征进行了详细描述后，本书第二章接着对法律背景独立董事的治理效应进行了探讨。以高管职务犯罪为切入点，本书第二章尝试考察不同类型的法律背景在保护中小投资者利益，抑制上市公司高管犯罪行为方面发挥的作用。研究发现：（1）独立董事法律背景能够起到抑制上市公司高管职务犯罪的作用；上市公司独立董事的法律背景越多元化、实务经验越丰富，高管职务犯罪的概率就越低。（2）较低的高管职务犯罪概率，一方面取决于法律背景独立董事在任职前自主选择了低风险公司（信号传递作用），另一方面，律师事务所背景的独立董事在任职过程中也发挥了积极的监督作用。（3）研究进一步表明，独立董事法律背景对高管职务犯罪的抑制效果还取决于犯罪类型以及犯罪行为本身的隐蔽性和严重性。

北京作为我国的政治文化中心及经济金融的决策和管理中心，是政治资源最为集中的地方，是名副其实的权力中心。我国上市公司在选拔独立董事时，也明显表现出对北京独立董事的热衷。鉴于北京是中国经济、政治、文化的中心，所以以其为参照点研究异地上市公司独立董事的聘任具有较强的代表性。本著作第三章以沪、深两市 2002 年至 2013 年 A 股主板上市公司为样本，对异地上市公司聘请北京独立董事的行为动机与经济后果进行了探讨。研究显示：（1）出于获取政治资源的动机，总部与北京距离较远以及总部所在地制度环境较差的上市公司更倾向于聘请北京异地独立董事；（2）与北京当地上市公司相比较，异地上市公司聘请的北京独立董事中任职于政府部门的比例显著更大；（3）聘请北京独立董事的确有助于异地上市公司政治资源的获取，这具体表现为有助于企业股权再融资、进入高壁垒行业以及降低企业违规处罚风险等方面。与此同时，北京异地独立董事也获取了更高的薪酬。本章研究进一步厘清了我国背景下的独立董事聘任决策与其职能发挥间的内在机理，显示了转轨经济背景下独立董事制度可能存在的功能异化，这对于公司治理机制未来的完善具有重要意义。

早期由于在教育和工作经验上的人力资本储备有限，女性很难在企业经营中占有一席之地，提升空间也受到较大的限制。随着女性教育水平和社会地位的不断提高，女性在资本市场中扮演着越来越重要的角色。本书第四章以我国 2002—2009 年 A 股上市公司为样本，详细考察了女性独立董事的个人及行为特征，并且从企业违规的角度，检验了女性独立董事是否能够更好地发挥公司治理作用，同时进一步检验了法治水平对这一影响的调节作用。研究结果显示：（1）女性独立董事的教育水平、年龄、兼任独立董事个数以及薪酬均显著低于男性独立董事，女性独立董事委托出席和缺席董事会的次数较少，表现得更为勤勉；（2）在抑制企业违规行为方面，本章并没有找到女性独立董事能更好地发挥治理作用的证据；（3）上市公司所在地的法治水平有助于抑制企业违规行为的出现；（4）然而，女性独立董事的存在，削弱了法治水平对企业违规行为的抑制作用。本章研究不仅丰富了公司违规行为方面相关的文献，同时也有助于深入地理解性别导致的独立董事在履行监督职能时存在的差异。

担任公司独立董事，可以同时获得经济收益和声誉激励。经济收益不仅指薪酬方面的正收益，而且包含成本方面（主要是时间成本）的负收益（周繁等，2008）。由于教育水平、性别、工作背景、社会资源、任职距离等个体间的差异，我们很难通过比较经济收益的多寡来判断独立董事履职到底是出于"经济动机"还是"声誉动机"。然而，零薪酬独立董事这一特殊样本为我们区分以上动机提供了天然场景。本书第五章以沪、深两市 2002 年至 2015 年 A 股主板上市公司为样本，首先，尝试从个人特征、公司特征和制度环境三个层面考察影响零薪酬独立董事的因素。在个人特征层面，本章主要从独立董事最核心的属性"独立性"切入；在公司特征层面，本章主要从履职风险切入；在制度环境层面，本章主要从市场化程度切入。其次，进一步从"追名"和"逐利"两个角度对独立董事的履职动机进行探讨。研究结果显示：从个人特征来看，零薪酬更可能出现在独立性较强的董事中；从公司特征来看，零薪酬更可能出现在违规风险较低的公司；从制度环境来看，零薪酬更可能出现在市场化程度较高的地区。零薪酬独立董事在出席董事会时也更加勤勉，以上结论与"追名"动机逻辑一致。进一步探索发现，会计背景的零薪酬独立董事能进一步甄别出财务风险更高的公司。由于存在自主选择，零薪酬独立董事任职公司的治理水平更高，零薪酬独立董事并未出具更多的否定意见。

零薪酬独立董事现象说明在我国资本市场中存在一个声誉市场，并且这一市场能够对零薪酬独立董事产生足够的激励。遗憾的是，这一激励并不足以对所有独立董事产生影响，其作用大小不仅取决于声誉本身带来的效用，也因独立董事的不同而存在差异。本章研究虽然在一定程度上论证了独立董事固定薪酬存在的弊端，但并不呼吁对所有独立董事实行零薪酬。独立董事也是现实的"经济人"，在缺乏其他激励措施的情况下，期待他们恪尽职守未免过于严苛（顾功耘和罗培新，2001）。上市公司应当根据自身所处的制度环境、风险水平以及每位独立董事的具体情况等，对不同独立董事设定出差异化的薪酬水平。

第二节 未来研究方向与展望

独立董事的第一学历统计结果显示：第一学历来自 985 工程院校的独立董事占 38.93%；第一学历来自 211 工程院校的（学者型）独立董事占 62.20%。其中，第一学历来自上海财经大学、北京大学、中国人民大学、中南财经政法大学和清华大学的独立董事人次最多；第一学历来自上海财经大学、厦门大学、中国人民大学、中南财经政法大学和北京大学的学者型独立董事人次最多，累计拥有独立董事席位数 3530 个。而这 3530 人次的独立董事分别在 113 所高校或研究机构任职，并且覆盖了包括香港在内的 23 个地区（省份或直辖市）。独立董事之间这种基于第一学历的校友关系如何对其治理行为产生影响，这将是接下来研究中的一个重要问题。

学者型独立董事任职高校的统计结果显示：任职高校来自 985 工程院校的独立董事占 38.42%；任职高校来自 211 工程院校的独立董事占 58.89%。其中，任职高校来自中国人民大学、上海财经大学、清华大学、北京大学和厦门大学的学者型独立董事人数最多，累计拥有独立董事席位数 3372 个。虽然来自以上五所高校的学者型独立董事的全职工作地点仅集中在北京、上海和福建三个地区，然而他们却累计在 31 个省份（直辖市）的 507 家上市公司任职。学者型独立董事之间这种基于任职单位的同事关系如何对其履职行为产生影响，这也将成为我们接下来研究的一个重要问题。

学者型独立董事专业背景的统计结果显示：仍然有 13.4% 的学者型独立董事拥有理工类（机械、纺织、冶金、通信、工程、化工等）、医学、农学等专业背景，这类与行业匹配的专业背景可能更多地发挥着服务与资源依赖的职能。在接下来的研究中，我们可以考察学者型独立董事这类与行业匹配的专业背景是否能在企业研发、并购等环节发挥作用。

2013 年 10 月 19 日，经中共中央批准，由中央组织部印发的《关于进一步规范党政领导干部在企业兼职（任职）问题的意见》（以下简称《意见》）要求限期对党政领导干部违规在企业兼职（任职）的行为进行清理。《意见》下发后，中央组织部对党政领导干部在企业兼职的行为进行了集中规范清理。截至 2014 年 7 月，全国共清理党政领导干部在企业兼职 40700 多人次。面对独立董事供给的这一巨大缺口，很多上市公司将面临寻求新的独立董事候选人的问题。那么，被清理的官员独立董事将被何种背景的独立董事所替代呢？不同背景新独立董事的进入，是否又会带来不同的市场反应呢？以上均是值得今后进一步研究的实证问题。

参考文献

英文部分

［1］ Adams R B, Ferreira D. Do Directors Perform for Pay？［J］. Journal of Accounting and Economics, 2008, 46（1）.

［2］ Adams R B, Ferreira D. Gender Diversity in the Boardroom［J］. European Corporate Governance Institute, Finance Working Paper, 2004.

［3］ Adams R B, Ferreira D. Women in the Boardroom and Their Impact on Governance and Performance［J］. Journal of Financial Economics, 2009, 94（2）.

［4］ Agrawal A, Chadha S. Corporate Governance and Accounting Scandals［J］. Journal of Law and Economics, 2005, 48（2）.

［5］ Agrawal A, Charles R. Knoeber. Do Some Outside Directors Play a Political Role？［J］. Journal of Law and Economics, 2001, 44（1）.

［6］ Agro D. Whitecollar Crime：We Cannot Afford It！［J］. Government Accountants Journal, 1978（28）.

［7］ Audretsch D B, Lehmann E. Entrepreneurial Access and Absorption of Knowledge Spillovers：Strategic Board and Managerial Composition for Competitive Advantage［J］. Journal of Small Business Management, 2006, 44（2）.

［8］ Balsmeier B, Buchwald A, Stiebale J. Outside Directors on the Board and Innovative Firm Performance ［J］. Research Policy, 2014, 43（10）.

［9］ Booth J R, Deli D N. On Executives of Financial Institutions As Outside Directors ［J］. Journal of Corporate Finance, 1999, 5（3）.

［10］ Brickley J A, James C M. The Takeover Market, Corporate Board Composition, and Ownership Structure: The Case of Banking ［J］. Journal of Law and Economics, 1987, 30（1）.

［11］ Bushman R M, Piotroski J D, Smith A J. What Determines Corporate Transparency? ［J］. Journal of Accounting Research, 2004, 42（2）.

［12］ Byrd J W, Hickman K A. Do Outside Directors Monitor Managers? Evidence from Tender Offer Bids ［J］. Journal of Financial Economics, 1992, 32（2）.

［13］ Chava S, Purnanandam A. CEOs Versus CFOs: Incentives and Corporate Policies ［J］. Journal of Financial Economics, 2010, 97（2）.

［14］ Core J E, Holthausen R W, Larcker D F. Corporate Governance, Chief Executive Officer Compensation, and Firm Performance ［J］. Journal of Financial Economics, 1999, 51（3）.

［15］ Cotter J F, Shivdasani A, Zenner M. Do Independent Directors Enhance Target Shareholder Wealth During Tender Offers? ［J］. Journal of Financial Economics, 1997, 43（2）.

［16］ Coval J D, Moskowitz T J. The Geography Of Investment: Informed Trading And AssetPrices ［J］. Journal of Political Economy, 1999, 109（4）.

[17] DeFond M L, Hann R N, Hu X. Does the Market Value Financial Expertise on Audit Committees of Boards of Directors? [J]. Journal of Accounting Research, 2005, 43 (2).

[18] Denis D J, Sarin A. Ownership and Board Structures in Publicly Traded Corporations [J]. Journal of Financial Economics, 1999, 52 (2).

[19] Dhaliwal D, Naiker V, Navissi F. The Association Between Accruals Quality and the Characteristics of Accounting Experts and Mix of Expertise on Audit Committees [J]. Contemporary Accounting Research, 2010, 27 (3).

[20] Fahlenbrach R, Low A, Stulz R M. Why Do Firms Appoint CEOs As Outside Directors? [J]. Journal of Financial Economics, 2010, 97 (1).

[21] Fama E F, Jensen M C. Separation of Ownership and Control [J]. Journal of Law and Economics, 1983, 26 (2).

[22] Fama E F. Agency Problems and the Theory of the Firm [J]. Journal of Political Economy, 1980, 88 (2).

[23] Fich E M. Are Some Outside Directors Better Than Others? Evidence From Director Appointments By Fortune 1000 Firms [J]. Journal of Business, 2005, 78 (5).

[24] Fondas N, Sassalos S. Adifferent Voice in the Boardroom: How the Presence of Women Directors Affects Board Influence Over Management [J]. Global Focus, 2000, 12 (2).

[25] Francis B B, Hasan I, Sun X. Political Connections and the Process of Going Public: Evidence from China [J]. Research Discussion Papers, 2009, 28 (4).

[26] Gilson S C. Bankruptcy, Boards, Banks, and Blockholders: Evi-

dence on Changes In Corporate Ownership and Control When Firms Default [J]. Journal of Financial Economics, 1990, 27 (2).

[27] Gul F A, Wu D H, Yang Z F. Do Individual Auditors Affect Audit Quality? Evidence From Archival Data [J]. The Accounting Review, 2013, 88 (6).

[28] Güner A B, Malmendier U, Tate G. Financial Expertise of Directors [J]. Journal of Financial Economics, 2008, 88 (2).

[29] Hamilton R W. Reliance and Liability Standards for Outside Directors [J]. Wake Forest Law Review, 1989.

[30] Hamm S J W, Jung M J, Wang C. Making Sense of One Dollar CEO Salaries [J]. Contemporary Accounting Research, 2015, 32 (3).

[31] Hermalin B E, Weisbach M S. Endogenously Chosen Boards of Directors and Their Monitoring of the CEO [J]. American Economic Review, 1998, 88 (1).

[32] Jensen, M. The Modern Industrial Revolution, Exit, and the Failure of Internal Control Systems [J]. Journal of Finance, 1993.

[33] Jiang G, Lee C M C, Yue H. Tunneling Through Intercorporate Loans: The China Experience [J]. Journal of Financial Economics, 2010, 98.

[34] Johnson C. Lawyers in the Limelight: SEC Helps Police Their Misconduct. The Washington Post (November 20), 2004, 101.

[35] Johnson J L, Daily C M, Ellstrand A E. Boards of Directors: A Review and Research Agenda [J]. Journal of Management, 1996, 22 (3).

[36] Kesner I F, Victor B, Lamont B T. Board Composition and the

Commission of Illegal Acts: An Investigation of Fortune 500 Companies [J]. Academy of Management Journal, 1986, 29 (4).

[37] Knyazeva A, Knyazeva D, Masulis R. The Supply of Corporate Directors and Board Independence [J]. Review of Financial Studies, 2013, 26 (6).

[38] Kothari S P, Leone A J, Wasley C E. Performance Matched Discretionary Accrual Measures [J]. Journal of Accounting and Economics, 2005, 39 (1).

[39] Krishnan G V, Visvanathan G. Does the SOX Definition of an Accounting Expert Matter? The Association Between Audit Committee Directors' Accounting Expertise and Accounting Conservatism [J]. Contemporary Accounting Research, 2008, 25 (3).

[40] Krishnan J, Wen Y, Zhao W. Legal Expertise on Corporate Audit Committees and Financial Reporting Quality [J]. The Accounting Review, 2011, 86 (6).

[41] La Porta R. F., Lopez-de-Silanes, A. Shleifer, and R. Vishny. Law and Finance [J]. Journal of Political Economy, 1998, 106 (6).

[42] Linck J S, Netter J M, Yang T. The Effects and Unintended Consequences of the Sarbanes – Oxley Act on the Supply and Demand for Directors [J]. Review of Financial Studies, 2009, 22 (8).

[43] Litov L P, Sepe S M, Whitehead, Charles K. Lawyers and Fools: Lawyer-directors in Public Corporations [J]. Georgetown Law Journal, 2013, 102 (2).

[44] Liu Y, Wei Z, Xie F. CFO Gender and Earnings Management: Evidence from China [J]. Review of Quantitative Finance & Accounting, 2016, 46 (4).

[45] Loureiro G R, Makhija A K, Zhang D. Why Do Some CEOS Work for A One-Dollar Salary? [J]. Working Paper, 2011.

[46] Masulis R W, Mobbs S. Independent Director Incentives: Where Do Talented Directors Spend Their Limited Time and Energy? [J]. Journal of Financial Economics, 2014, 111 (2).

[47] Myles L. Mace. Directors: Myth and Reality [M]. Boston: Harvard Business School Press, 1986.

[48] Nielsen S, Huse M. The Contribution of Women on Boards of Directors: Going Beyond the Surface [J]. Corporate Governance: An International Review, 2010, 18 (2).

[49] Pfeffer J. Size and Composition of Corporate Boards of Directors: The Organization and Itsenvironment [J]. Administrative Science Quarterly, 1972 (2).

[50] Quan Yi, Chen Donghua. Effort Allocation and Governance Effect of Multiple-Board Independent Directors: Evidence from Reputation and Geographic Proximity [J]. China Journal of Accounting Studies, 2016, 4 (3).

[51] Quan Yi, Li Sihai, Liang Shangkun. Chasing Political Resources by Listed Companies: A Perspective on Hiring Non-local Independent Directors from Beijing [J]. China Journal of Accounting Studies, 2017, 5 (3).

[52] Quan Yi, Li Sihai. Are Academic Independent Directors Punished More Severely When They Engage in Violations? China Journal of Accounting Research [J]. 2017, 10 (1).

[53] Ryan, H. , Wiggins, R. 2004. Who is in Whose Pocket? Director Compensation, Board Independence, and Barriers to Effective Monitoring [J]. Journal of Financial Economics, 73 (3).

[54] Schwarcz S L. Financial Information Failure and Lawyer Responsibility [J]. Journal of Corporation Law, 2006, 31 (4).

[55] Schwartz-Ziv M, Weisbach M S. Whatdo Board Really Do? Evidence from Minutes of Board Meetings [J]. Journal of Financial Economics, 2013, 108 (2).

[56] Shivdasani A. Board Composition, Ownership Structure, and Hostile Takeovers [J]. Journal of Accounting and Economics, 1993, 16 (93).

[57] Shrader C B, Blackburn V B, Iles P. Women in Management and Firm Financial Performance: An Exploratory Study [J]. Journal of Managerial Issues, 1997, 9 (3).

[58] Tricker, R. I. Corporate Governance [M]. Gower Publishing Company Limited, 1984.

[59] Sealy. R. , Singh, V. , Vinnicombe, S. The Female FTSE Report 2007: A Year of Encouraging Progress [J]. Cranfield International Centre for Women Leaders. Cranfield School of Management, 2007.

[60] Wade J, Charles A. , Chandratat I. Golden Parachutes: CEOs and the Exercise of Social Influence [J]. Administrative Science Quarterly, 1990 (4).

[61] Weisbach M S. Outside Directors and CEO Turnover [J]. Journal of Financial Economics, 1988, 20 (88).

[62] Yermack D. Remuneration, Retention, and Reputation Incentives for Outside Directors [J]. General Information, 2004, 59 (5).

[63] Zahra S A, Pearce J A. Boards of Directors and Corporate Financial Performance: A Review and Integrative Model [J]. Journal of Management, 1989, 15 (2).

［64］ Zelechowski D D, Bilimoria D. Characteristics of Women and Men Corporate Inside Directors in the US ［J］. Corporate Governance: An International Review, 2004, 12（3）.

中文部分

［1］ 曹廷求、李晋：《CEO零薪酬：示好还是作秀》，《山西财经大学学报》2014年第7期。

［2］ 陈冬华、胡晓莉、梁上坤等：《宗教传统与公司治理》，《经济研究》2013年第9期。

［3］ 陈冬华、相加凤：《独立董事只能连任6年合理吗？——基于我国A股上市公司的实证研究》，《管理世界》2017年第5期。

［4］ 陈冬华、章铁生、李翔：《法律环境、政府管制与隐性契约》，《经济研究》2008年第3期。

［5］ 陈睿、王治、段从清：《独立董事"逆淘汰"效应研究——基于独立意见的经验证据》，《中国工业经济》2015年第8期。

［6］ 陈运森、谢德仁：《网络位置、独立董事治理与投资效率》，《管理世界》2011年第7期。

［7］ 陈运森：《独立董事网络中心度与公司信息披露质量》，《审计研究》2012年第5期。

［8］ 戴亦一、陈冠霖、潘健平：《独立董事辞职、政治关系与公司治理缺陷》，《会计研究》2014年第11期。

［9］ 戴治勇、杨晓维：《间接执法成本、间接损害与选择性执法》，《经济研究》2006年第9期。

［10］ 邓晓飞、辛宇、滕飞：《官员独立董事强制辞职与政治关联丧失》，《中国工业经济》2016年第2期。

［11］ 董志强、蒲勇健：《掏空、合谋与独立董事报酬》，《世界经济》2006年第29卷第6期。

［12］杜胜利、张杰：《独立董事薪酬影响因素的实证研究》，《会计研究》2004 年第 9 期。

［13］樊纲、王小鲁、朱恒鹏：《中国市场化指数——各地区市场化相对进程报告（2009）》，经济科学出版社 2011 年版。

［14］方军雄：《我国上市公司高管的薪酬存在粘性吗?》，《经济研究》2009 年第 3 期。

［15］费孝通：《乡土中国》，生活·读书·新知三联书店 1985 年版。

［16］顾功耘、罗培新：《论我国建立独立董事制度的几个法律问题》，《中国法学》2001 年第 6 期。

［17］何威风、刘巍：《公司为什么选择法律背景的独立董事?》，《会计研究》2017 年第 4 期。

［18］胡奕明、唐松莲：《独立董事与上市公司盈余信息质量》，《管理世界》2008 年第 9 期。

［19］胡元木：《技术独立董事可以提高 R&D 产出效率吗?——来自中国证券市场的研究》，《南开管理评论》2012 年第 15 卷第 2 期。

［20］黄海杰、吕长江、丁慧：《独立董事声誉与盈余质量——会计专业独董的视角》，《管理世界》2016 年第 3 期。

［21］江伟、刘丹、李雯：《薪酬委员会特征与高管薪酬契约——基于中国上市公司的经验研究》，《会计与经济研究》2013 年第 27 卷第 3 期。

［22］李建伟：《独立董事制度研究：从法学与管理学的双重角度》，中国人民大学出版社 2004 年版。

［23］李维安、李晓琳、张耀伟：《董事会社会独立性与 CEO 变更——基于违规上市公司的研究》，《管理科学》2017 年第 30 卷第 2 期。

[24] 刘诚、杨继东、周斯洁：《社会关系、独立董事任命与董事会独立性》，《世界经济》2012 年第 12 期。

[25] 刘诚、杨继东：《独立董事的社会关系与监督功能——基于 CEO 被迫离职的证据》，《财经研究》2013 年第 7 期。

[26] 刘诚：《独立董事社会关系增进还是削弱了董事会的功能——基于灰色董事行为的博弈分析》，《经济理论与经济管理》2017 年第 36 卷第 8 期。

[27] 刘春、李善民、孙亮：《独立董事具有咨询功能吗？——异地独董在异地并购中功能的经验研究》，《管理世界》2015 年第 3 期。

[28] 刘浩、唐松、楼俊：《独立董事：监督还是咨询？——银行背景独立董事对企业信贷融资影响研究》，《管理世界》2012 年第 1 期。

[29] 娄芳、原红旗：《独立董事制度：西方的研究和中国实践中的问题》，《改革》2002 年第 2 期。

[30] 罗党论、徐璇、封煜：《独立董事报酬形成机制研究——以中国上市公司为例》，《管理科学》2007 年第 20 卷第 2 期。

[31] 罗党论、赵聪：《什么影响了企业对行业壁垒的突破——基于中国上市公司的经验证据》，《南开管理评论》2013 年第 16 卷第 6 期。

[32] 罗进辉、黄泽悦、朱军：《独立董事地理距离对公司代理成本的影响》，《中国工业经济》2017 年第 8 期。

[33] 宁向东、崔弼洙、张颖：《基于声誉的独立董事行为研究》，《清华大学学报：哲学社会科学版》2012 年第 27 卷第 1 期。

[34] 宁向东：《为什么要当独立董事》，《IT 经理世界》2009 年第 8 期。

[35] 邱兆祥、史明坤：《独立董事个人特征与任期内公司经营绩

效》，《财贸经济》2012 年第 11 期。

［36］全怡、陈冬华、李真：《独立董事身份提高了分析师的预测质量吗?》，《财经研究》2014 年第 40 卷第 11 期。

［37］全怡、姚振晔：《法律环境、独董任职经验与企业违规》，《山西财经大学学报》2015 年第 37 卷第 9 期。

［38］全怡：《中国制度背景下的上市公司独立董事研究》，经济科学出版社 2017 年版。

［39］全怡、陈冬华：《多席位独立董事的精力分配与治理效应——基于声誉与距离的角度》，《会计研究》2016 年第 12 期。

［40］全怡、陈冬华：《法律背景独立董事：治理、信号还是司法庇护? ——基于上市公司高管犯罪的经验证据》，《财经研究》2017 年第 2 期。

［41］全怡、郭卿：《"追名"还是"逐利"：独立董事履职动机之探究》，《管理科学》2017 年第 4 期。

［42］邵少敏、吴沧澜、林伟：《国外独立董事研究》，《世界经济》2003 年第 26 卷第 4 期。

［43］沈艺峰、陈旋：《无绩效考核下外部独立董事薪酬的决定》，《南开管理评论》2016 年第 19 卷第 2 期。

［44］孙亮、刘春：《公司为什么聘请异地独立董事》，《管理世界》2014 年第 9 期。

［45］孙泽蕤、朱晓妹：《上市公司独立董事薪酬制度的理论研究及现状分析》，《南开管理评论》2005 年第 8 卷第 1 期。

［46］谭劲松、李敏仪、黎文靖等：《我国上市公司独立董事制度若干特征分析》，《管理世界》2003 年第 9 期。

［47］谭劲松、郑国坚、周繁：《独立董事辞职的影响因素：理论框架与实证分析》，《中国会计与财务研究》2006 年第 2 期。

［48］ 唐清泉、罗党论、王莉：《上市公司独立董事辞职行为研究——基于前景理论的分析》，《南开管理评论》2006 年第 9 卷第 1 期。

［49］ 唐清泉：《独立董事对报酬与风险的取向——基于深交所的实证研究》，《财经理论与实践》2006 年第 27 卷第 1 期。

［50］ 唐雪松、杜军、申慧：《独立董事监督中的动机——基于独立意见的经验证据》，《管理世界》2010 年第 9 期。

［51］ 万良勇、邓路、郑小玲：《网络位置，独立董事治理与公司违规——基于部分可观测 BivariateProbit 模型》，《系统工程理论实践》2014 年第 34 卷第 12 期。

［52］ 王兵：《独立董事监督了吗？——基于中国上市公司盈余质量的视角》，《金融研究》2007 年经 1 期。

［53］ 王小鲁、樊纲、余静文：《中国分省份市场化指数报告（2016）》，社会科学文献出版社 2017 年版。

［54］ 王永明、宋艳伟：《独立董事对上市公司技术创新投资的影响研究》，《科学管理研究》2010 年第 28 卷第 5 期。

［55］ 魏刚、肖泽忠、邹宏等：《独立董事背景与公司经营绩效》，《经济研究》2007 年第 3 期。

［56］ 吴冬梅、刘运国：《捆绑披露是隐藏坏消息吗——来自独立董事辞职公告的证据》，《会计研究》2012 年第 12 期。

［57］ 吴联生、林景艺、王亚平：《薪酬外部公平性、股权性质与公司业绩》，《管理世界》2010 年第 3 期。

［58］ 吴清华、王平心：《公司盈余质量：董事会微观治理绩效之考察——来自我国独立董事制度强制性变迁的经验证据》，《数理统计与管理》2007 年第 26 卷第 1 期。

［59］ 吴溪、王春飞、陆正飞：《独立董事与审计师出自同门是"祸"还是"福"？——独立性与竞争—合作关系之公司治理

效应研究》，《管理世界》2015 年第 9 期。

［60］谢德仁、陈运森：《董事网络：定义，特征和计量》，《会计研究》2012 年第 3 期。

［61］谢雅璐：《兼职独立董事对上市公司一视同仁吗?》，《现代财经》（天津财经大学学报）2016 年第 6 期。

［62］辛清泉、黄曼丽、易浩然：《上市公司虚假陈述与独立董事监管处罚——基于独立董事个体视角的分析》，《管理世界》2013 年第 5 期。

［63］许楠、曹春方：《独立董事网络与上市公司现金持有》，《南开经济研究》2016 年第 6 期。

［64］杨典：《公司治理与企业绩效——基于中国经验的社会学分析》，《中国社会科学》2013 年第 1 期。

［65］叶康涛、陆正飞、张志华：《独立董事能否抑制大股东的"掏空"?》，《经济研究》2007 年第 4 期。

［66］叶康涛、祝继高、陆正飞、张然：《独立董事的独立性：基于董事会投票的证据》，《经济研究》2011 年第 1 期。

［67］叶青、赵良玉、刘思辰：《独立董事"政商旋转门"之考察：一项基于自然实验的研究》，《经济研究》2016 年第 6 期。

［68］于东智：《董事会、公司治理与绩效——对中国上市公司的经验分析》，《中国社会科学》2003 年第 3 期。

［69］余明桂、潘红波：《政治关系、制度环境与民营企业银行贷款》，《管理世界》2008 年第 8 期。

［70］张玮倩、方军雄：《地区腐败、企业性质与高管腐败》，《会计与经济研究》2016 年第 3 期。

［71］赵昌文、唐英凯、周静、邹晖：《家族企业独立董事与企业价值——对中国上市公司独立董事制度合理性的检验》，《管理世界》2008 年第 8 期。

[72] 赵子夜：《"无过"和"有功"：独立董事意见中的文字信号》，《管理世界》2014 年第 5 期。

[73] 郑路航：《"名人"独立董事履行职责状况分析——来自中国上市公司的证据》，《中南财经政法大学学报》2011 年第 3 期。

[74] 郑志刚、李俊强、黄继承、胡波：《独立董事否定意见发表与换届未连任》，《金融研究》2016 年第 12 期。

[75] 郑志刚、梁昕雯、黄继承：《中国上市公司应如何为独立董事制定薪酬激励合约》，《中国工业经济》2017 年第 2 期。

[76] 郑志刚、吕秀华：《董事会独立性的交互效应和中国资本市场独立董事制度政策效果的评估》，《管理世界》2009 年第 7 期。

[77] 郑志刚、孙娟娟、Rui Oliver：《任人唯亲的董事会文化和经理人超额薪酬问题》，《经济研究》2012 年第 12 期。

[78] 支晓强、童盼：《盈余管理，控制权转移与独立董事变更——兼论独立董事治理作用的发挥》，《管理世界》2005 年第 11 期。

[79] 周繁、谭劲松、简宇寅：《声誉激励还是经济激励——独立董事"跳槽"的实证研究》，《中国会计评论》2008 年第 2 期。

[80] 周建波、孙菊生：《经营者股权激励的治理效应研究——来自中国上市公司的经验证据》，《经济研究》2003 年第 5 期。

[81] 周泽将、刘中燕：《独立董事本地任职对上市公司违规行为之影响研究——基于政治关联与产权性质视角的经验证据》，《中国软科学》2017 年第 7 期。

[82] 周泽将、修宗峰：《女性董事对企业经营绩效影响的实证研究——基于 2000 ~ 2009 年中国证券市场 A 股上市公司样

本》,《财经理论与实践》2014 年第 35 卷第 2 期。

[83] 周泽将、马静、耿玥:《任职地点影响了独立董事治理功能
的发挥吗?——基于盈余管理视角的经验证据》,《会计与经
济研究》2017 年第 5 期。

[84] 周泽将:《女性董事影响了企业慈善捐赠吗?——基于中国
上市公司的实证研究》,《上海财经大学学报:哲学社会科学
版》2014a 年第 16 卷第 3 期。

[85] 周泽将:《女性董事影响了审计努力程度吗?》,《山西财经大
学学报》2014b 年第 36 卷第 5 期。

[86] 祝继高、叶康涛、严冬:《女性董事的风险规避与企业投资
行为研究——基于金融危机的视角》,《财贸经济》2012 年第
4 期。

附　录

《关于在上市公司建立独立董事制度的指导意见》

证监发〔2001〕102 号

各上市公司：

为进一步完善上市公司治理结构，促进上市公司规范运作，我会制定了《关于在上市公司建立独立董事制度的指导意见》，现予以发布，请遵照执行。

2001 年 8 月 16 日

为进一步完善上市公司治理结构，促进上市公司规范运作，现就上市公司建立独立的外部董事（以下简称独立董事）制度提出以下指导意见：

一、上市公司应当建立独立董事制度

（一）上市公司独立董事是指不在公司担任除董事外的其他职务，并与其所受聘的上市公司及其主要股东不存在可能妨碍其进行独立客观判断的关系的董事。

（二）独立董事对上市公司及全体股东负有诚信与勤勉义务。独立董事应当按照相关法律法规、本指导意见和公司章程的要求，认真履行职责，维护公司整体利益，尤其要关注中小股东的合法权益不受损害。独立董事应当独立履行职责，不受上市公司主要股东、实际控制人、或者其他与上市公司存在利害关系的单位或个人的影响。独立董事原则上最多在 5 家上市公司兼任独立董事，并确保有足够的时间和精力有效地履行独立董事的职责。

（三）各境内上市公司应当按照本指导意见的要求修改公司章程，聘任适当人员担任独立董事，其中至少包括一名会计专业人士（会计专业人士是指具有高级职称或注册会计师资格的人士）。在 2002 年 6 月 30 日前，董事会成员中应当至少包括 2 名独立董事；在 2003 年 6 月 30 日前，上市公司董事会成员中应当至少包括三分之一独立董事。

（四）独立董事出现不符合独立性条件或其他不适宜履行独立董事职责的情形，由此造成上市公司独立董事达不到本《指导意见》要求的人数时，上市公司应按规定补足独立董事人数。

（五）独立董事及拟担任独立董事的人士应当按照中国证监会的要求，参加中国证监会及其授权机构所组织的培训。

二、独立董事应当具备与其行使职权相适应的任职条件

担任独立董事应当符合下列基本条件：

（一）根据法律、行政法规及其他有关规定，具备担任上市公司董事的资格；

（二）具有本《指导意见》所要求的独立性；

（三）具备上市公司运作的基本知识，熟悉相关法律、行政法规、规章及规则；

（四）具有五年以上法律、经济或者其他履行独立董事职责所必需的工作经验；

（五）公司章程规定的其他条件。

三、独立董事必须具有独立性

下列人员不得担任独立董事：

（一）在上市公司或者其附属企业任职的人员及其直系亲属、主要社会关系（直系亲属是指配偶、父母、子女等；主要社会关系

是指兄弟姐妹、岳父母、儿媳女婿、兄弟姐妹的配偶、配偶的兄弟姐妹等）；

（二）直接或间接持有上市公司已发行股份1%以上或者是上市公司前十名股东中的自然人股东及其直系亲属；

（三）在直接或间接持有上市公司已发行股份5%以上的股东单位或者在上市公司前五名股东单位任职的人员及其直系亲属；

（四）最近一年内曾经具有前三项所列举情形的人员；

（五）为上市公司或者其附属企业提供财务、法律、咨询等服务的人员；

（六）公司章程规定的其他人员；

（七）中国证监会认定的其他人员。

四、独立董事的提名、选举和更换应当依法、规范地进行

（一）上市公司董事会、监事会、单独或者合并持有上市公司已发行股份1%以上的股东可以提出独立董事候选人，并经股东大会选举决定。

（二）独立董事的提名人在提名前应当征得被提名人的同意。提名人应当充分了解被提名人职业、学历、职称、详细的工作经历、全部兼职等情况，并对其担任独立董事的资格和独立性发表意见，被提名人应当就其本人与上市公司之间不存在任何影响其独立客观判断的关系发表公开声明。

在选举独立董事的股东大会召开前，上市公司董事会应当按照规定公布上述内容。

（三）在选举独立董事的股东大会召开前，上市公司应将所有被提名人的有关材料同时报送中国证监会、公司所在地中国证监会派出机构和公司股票挂牌交易的证券交易所。上市公司董事会对被提名人的有关情况有异议的，应同时报送董事会的书面意见。

中国证监会在15个工作日内对独立董事的任职资格和独立性

进行审核。对中国证监会持有异议的被提名人，可作为公司董事候选人，但不作为独立董事候选人。

在召开股东大会选举独立董事时，上市公司董事会应对独立董事候选人是否被中国证监会提出异议的情况进行说明。

对于本《指导意见》发布前已担任上市公司独立董事的人士，上市公司应将前述材料在本《指导意见》发布实施起一个月内报送中国证监会、公司所在地中国证监会派出机构和公司股票挂牌交易的证券交易所。

（四）独立董事每届任期与该上市公司其他董事任期相同，任期届满，连选可以连任，但是连任时间不得超过六年。

（五）独立董事连续 3 次未亲自出席董事会会议的，由董事会提请股东大会予以撤换。

除出现上述情况及《公司法》中规定的不得担任董事的情形外，独立董事任期届满前不得无故被免职。提前免职的，上市公司应将其作为特别披露事项予以披露，被免职的独立董事认为公司的免职理由不当的，可以作出公开的声明。

（六）独立董事在任期届满前可以提出辞职。独立董事辞职应向董事会提交书面辞职报告，对任何与其辞职有关或其认为有必要引起公司股东和债权人注意的情况进行说明。

如因独立董事辞职导致公司董事会中独立董事所占的比例低于本《指导意见》规定的最低要求时，该独立董事的辞职报告应当在下任独立董事填补其缺额后生效。

五、上市公司应当充分发挥独立董事的作用

（一）为了充分发挥独立董事的作用，独立董事除应当具有公司法和其他相关法律、法规赋予董事的职权外，上市公司还应当赋予独立董事以下特别职权：

1. 重大关联交易（指上市公司拟与关联人达成的总额高于 300

万元或高于上市公司最近经审计净资产值的 5% 的关联交易）应由独立董事认可后，提交董事会讨论；独立董事做出判断前，可以聘请中介机构出具独立财务顾问报告，作为其判断的依据。

2. 向董事会提议聘用或解聘会计师事务所；

3. 向董事会提请召开临时股东大会；

4. 提议召开董事会；

5. 独立聘请外部审计机构和咨询机构；

6. 可以在股东大会召开前公开向股东征集投票权。

（二）独立董事行使上述职权应当取得全体独立董事的二分之一以上同意。

（三）如上述提议未被采纳或上述职权不能正常行使，上市公司应将有关情况予以披露。

（四）如果上市公司董事会下设薪酬、审计、提名等委员会的，独立董事应当在委员会成员中占有二分之一以上的比例。

六、独立董事应当对上市公司重大事项发表独立意见

（一）独立董事除履行上述职责外，还应当对以下事项向董事会或股东大会发表独立意见：

1. 提名、任免董事；

2. 聘任或解聘高级管理人员；

3. 公司董事、高级管理人员的薪酬；

4. 上市公司的股东、实际控制人及其关联企业对上市公司现有或新发生的总额高于 300 万元或高于上市公司最近经审计净资产值的 5% 的借款或其他资金往来，以及公司是否采取有效措施回收欠款；

5. 独立董事认为可能损害中小股东权益的事项；

6. 公司章程规定的其他事项。

（二）独立董事应当就上述事项发表以下几类意见之一：同意；

保留意见及其理由；反对意见及其理由；无法发表意见及其障碍。

（三）如有关事项属于需要披露的事项，上市公司应当将独立董事的意见予以公告，独立董事出现意见分歧无法达成一致时，董事会应将各独立董事的意见分别披露。

七、为了保证独立董事有效行使职权，上市公司应当为独立董事提供必要的条件

（一）上市公司应当保证独立董事享有与其他董事同等的知情权。凡须经董事会决策的事项，上市公司必须按法定的时间提前通知独立董事并同时提供足够的资料，独立董事认为资料不充分的，可以要求补充。当2名或2名以上独立董事认为资料不充分或论证不明确时，可联名书面向董事会提出延期召开董事会会议或延期审议该事项，董事会应予以采纳。

上市公司向独立董事提供的资料，上市公司及独立董事本人应当至少保存5年。

（二）上市公司应提供独立董事履行职责所必需的工作条件。上市公司董事会秘书应积极为独立董事履行职责提供协助，如介绍情况、提供材料等。独立董事发表的独立意见、提案及书面说明应当公告的，董事会秘书应及时到证券交易所办理公告事宜。

（三）独立董事行使职权时，上市公司有关人员应当积极配合，不得拒绝、阻碍或隐瞒，不得干预其独立行使职权。

（四）独立董事聘请中介机构的费用及其他行使职权时所需的费用由上市公司承担。

（五）上市公司应当给予独立董事适当的津贴。津贴的标准应当由董事会制订预案，股东大会审议通过，并在公司年报中进行披露。

除上述津贴外，独立董事不应从该上市公司及其主要股东或有利害关系的机构和人员取得额外的、未予披露的其他利益。

（六）上市公司可以建立必要的独立董事责任保险制度，以降低独立董事正常履行职责可能引致的风险。

（本指导意见由中国证监会于 2001 年 8 月 16 日发布执行）